Rolf Meier

Seminare erfolgreich planen

Dr. Rolf Meier, Hürth (b. Köln), studierte Pädagogik und promovierte in Didaktik. Nach langjähriger Arbeit in der Erwachsenenpädagogik an der Hochschule sowie weiteren Bildungseinrichtungen arbeitet er heute als Geschäftsführer der Transfer GmbH. Seine Beratungs- und Schulungsschwerpunkte sind: Optimierung von Lehr- und Lernprozessen, Train-the-Trainer, Bildungscontrolling, Personalentwicklung, neue Lernwege sowie E-Learning.

Rolf Meier

Seminare erfolgreich planen

Mit computergestützter Planungshilfe auf CD-ROM

GABAL

Professional Training

Bibliografische Information der Deutschen Bibliothek

Die Deutsche Bibliothek verzeichnet diese Publikation in der Deutschen Nationalbibliografie; detaillierte bibliografische Daten sind im Internet über http://dnb.ddb.de abrufbar.

ISBN 3-89749-301-2

Lektorat: Frank-Michael Rommert, Librofaktur.de, Lohmar
Umschlaggestaltung: + Malsy Kommunikation und Gestaltung, Bremen
Umschlagfoto: Zefa Visual Media, Hamburg
Layout, Satz, Grafiken: Sascha Müller-Harmsen, Librofaktur.de, Lohmar
Druck und Bindung: Salzland Druck, Staßfurt

www.gabal-verlag.de

Inhalt

Vorwort

Gut begonnen ist halb gewonnen – diese Redensart gilt auch für Seminare. Die Voraussetzung für jeden guten Unterricht ist eine präzise und profunde Planung.

Die Lernziele müssen bestimmt werden, die Inhalte ausgewählt, gute Rahmenbedingungen geschaffen werden. Die Teilnehmer* müssen in den Blick genommen, ihre Lernbesonderheiten und Lernstrategien einbezogen werden. Schließlich müssen Seminare methodisch geplant werden und es muss dafür gesorgt werden, dass die Teilnehmer das Gelernte auch im Berufsalltag umsetzen können.

Wie man bei der Planung von Seminaren am besten vorgeht, erfahren Sie in dieser Arbeitshilfe. Sie wendet sich an Dozenten und Ausbilder wie an Verantwortliche in Bildungseinrichtungen und Fortbildungsreferaten und damit an alle, die sich mit Interesse und Engagement der ebenso anspruchsvollen wie interessanten Aufgabe verschrieben haben, anderen etwas beizubringen. Allen diesen Multiplikatoren ist dieses Buch gewidmet.

Dr. Rolf Meier, Hürth

* *Aus Gründen der Einfachheit habe ich jeweils meist die männliche Form verwendet. Die Teilnehmerinnen, Dozentinnen, Ausbilderinnen, Multiplikatorinnen etc. sind immer mitgemeint.*

Zu diesem Buch

Piktogramme Um Ihnen die Arbeit mit dem Selbstlernkurs zu erleichtern, haben wir unterschiedliche Arbeits- und Umsetzungshilfen eingebaut. Sie erkennen sie an folgenden Piktogrammen:

- ! besonders wichtig
- Checkliste oder Arbeitshilfe
- **Beispiel** Beispiel
- Umsetzungsaufgabe

CD-ROM Auf der beiliegenden CD-ROM finden Sie eine Planungshilfe, die Sie dabei unterstützt, Ihre Seminare Schritt für Schritt zu konzipieren (Starten Sie einfach per Doppelklick auf die Datei „Start.pdf"). Die Datei liegt im pdf-Format vor und kann dadurch auf verschiedenen Plattformen betrachtet werden (z. B. Windows 3.1, Windows 95, 98, 2000, Windows NT, Mac OS, Linux, Unix). Sie benötigen dazu den Adobe Acrobat Reader ab der Version 3. Die Version 4.0 für Windows 95/98/NT befindet sich auf der CD-ROM. Sie können das Programm installieren, indem Sie die Datei rs40deu.exe starten und den Installationsschritten folgen.

Zertifikat Sie können ein Zertifikat über den qualifizierten Abschluss dieses Selbstlernkurses erhalten. Die Voraussetzung ist, dass Sie die Fragen zum Verständnis sowie die Reflexions- und Planungsaufgaben am Ende jedes Kapitels kopieren, ausfüllen und zur Korrektur einsenden. Näheres dazu finden Sie im Internet unter www.dozentenforum.de oder schreiben Sie an Transfer GmbH, Dr. Rolf Meier, Otto-Hahn-Str. 4, 50354 Hürth.

Wir wünschen Ihnen Freude beim Lesen und viel Erfolg beim Anwenden des Gelernten.

1 Lernziele bestimmen

Am Anfang jeder Kursplanung steht die Frage: *Was will ich erreichen?* Nur wer das Ziel kennt, weiß, ob er auf dem richtigen Weg ist. Lernziele bestimmen, was gelernt werden soll. Nach den Zielen richten sich die Inhalte und die Methoden. Deshalb steht das Aufstellen von Zielen am Anfang jeder sorgfältigen Unterrichtsvorbereitung.

Erwünschte Kenntnisse, Fähigkeiten, Fertigkeiten und Einstellungen werden als Lernziele beschrieben. Um die Lernziele festzulegen, muss sich ein Dozent erst einmal darüber klar werden, was er erreichen will und kann. Bei der Entscheidung spielen verschiedene Faktoren eine Rolle: Voraussetzungen, Situation und Wünsche der Teilnehmer, institutionelle Rahmenbedingungen, nicht zuletzt der Dozent selber mit seinen Vorlieben und Einstellungen.

Lernziele haben eine zweite wichtige Funktion: Sie sind die Grundlage für die Kontrolle des Unterrichts: Der Dozent kann nach Abschluss des Seminars, des Kurses oder der Unterweisung feststellen, ob die Lernziele erreicht wurden oder nicht. Je genauer aber die Ziele beschrieben sind, desto eher ist der Lernerfolg zu kontrollieren.

Dieses Kapitel liefert Ihnen Antworten auf Fragen wie:

- Welche Lernzielkategorien gibt es?
- Was sind Lernzielstufen?
- Wie verknüpft man Lernziele miteinander?
- Wie erstellt man kontrollierbare Lernziele?

1.1 Lernzielkategorien bestimmen

Sehr häufig werden im Unterricht ausschließlich *Kenntnisse* vermittelt: Es werden Definitionen, Zusammenhänge und Abfolgen aufgezeigt.

Einseitigkeit vermeiden

Vielleicht *zu* häufig. Denn es gibt auch noch andere Arten von Zielen, die ein Dozent berücksichtigen muss. Warum? Weil sie sonst ungewollt Einfluss nehmen und vielleicht sogar den Unterrichtserfolg gefährden können.

Dazu ein Beispiel:

Beispiel

Ein IT-Trainer will seinen Teilnehmern IT-Grundkenntnisse beibringen. Während des Unterrichts stellt er fest, dass einige Teilnehmer nicht richtig bei der Sache sind und die Übungen am Computer nur unwillig durchführen.

Ein möglicher Grund: Er hat Ziele definiert, die sich auf den Kenntniserwerb beziehen:

- Die Teilnehmer sollen wichtige Begriffe der Hard- und Software kennen lernen.
- Die Teilnehmer sollen die Vorgänge in der Zentraleinheit erklären können usw.

Der Trainer hat aber Ziele vergessen, die ebenso wichtig sind. Zu diesen gehören zum Beispiel:

- Die Teilnehmer sollen eine positive Einstellung gegenüber dem Einsatz des Computers gewinnen.
- Die Teilnehmer sollen die Tastatur des Computers sicher handhaben können.

Vielleicht entstand ja in diesem Beispiel der Unmut aus einer negativen Einstellung zur IT und mangelnder Routine bei der Nutzung der Tastatur.

Sehen Sie sich diese vier Lernziele einmal etwas genauer an. Worin bestehen die Unterschiede?

Die Teilnehmer sollen wichtige Begriffe der Hard- und Software kennen lernen.
Besonderheiten:

Die Teilnehmer sollen die Vorgänge in der Zentraleinheit erklären können.
Besonderheiten:

Die Teilnehmer sollen eine positive Einstellung gegenüber dem Einsatz der IT gewinnen.
Besonderheiten:

Die Teilnehmer sollen die Tastatur des Computers sicher handhaben können.
Besonderheiten:

Kognitive Ziele

Die ersten beiden Ziele sprechen den Kopf an. Es soll etwas gelernt werden, das anschließend abgefragt werden kann. Solche Ziele heißen *kognitive* Lernziele.

Affektive Ziele

Mit dem dritten Ziel will der Dozent dagegen eine Einstellungsänderung erreichen. Hier wird sinnbildlich nicht der Kopf angesprochen, sondern das Herz. Diese Ziele heißen *affektive* Ziele.

Psychomotorische Ziele

Beim letzten Ziel geht es um eine Kombination zwischen Kopf und Bewegungen, um mehr oder weniger automatisierte und eingeschliffene Fertigkeiten. Ziele dieser Art werden als *psychomotorische Ziele* bezeichnet.

Beispiel

Es ist etwas anderes, ob man

- *die Funktionsweise einer Schreibmaschine kennt (kognitiver Bereich),*
- *gerne an einer Schreibmaschine arbeitet (affektiver Bereich) oder*
- *eine Schreibmaschine bedienen kann (psychomotorischer Bereich).*

Dazu nachfolgend einige Erläuterungen:

Kognitive Lernziele

Sachverhalte verstehen

Hier geht es um die Fähigkeit, Sachverhalte zu verstehen und im Gedächtnis zu behalten, damit sie zum Verstehen komplexer Sachverhalte und zur Steuerung von Handlungen verfügbar sind.

Beispiel

Der Lernende soll mindestens zwei Merkmale nennen können, in denen sich Arbeitsspeicher und Diskettenspeicher funktionell unterscheiden.

Der Lernende soll mithilfe des Textverarbeitungssystems XYZ die Schrift, die Absatzform und die Seitennummerierung in einem vorhandenen Text nach Vorgaben gestalten können.

Affektive Lernziele

Interesse wecken

Hier geht es darum, Interesse zu wecken oder eine bestimmte Einstellung bzw. Haltung in Bezug auf bestimmte Sachverhalte zu erreichen.

Beispiel

Der Lernende soll von der Nützlichkeit der Textverarbeitung überzeugt sein.

Der Lernende soll eine positive Einstellung zum Kunden erwerben.

Psychomotorische Lernziele

Sie streben in erster Linie die Fähigkeit an, Bewegungsabläufe zu beherrschen oder Gegenstände physisch zweckmäßig zu handhaben.

Abläufe beherrschen

Beispiel

Der Lernende soll einen zweiseitigen Text mit mindestens 120 Anschlägen pro Minute und maximal drei Fehlern pro Seite schreiben können.

Der Lernende soll an seiner Telefonanlage eine Rufumleitung einstellen können.

Bitte sehen Sie sich die folgenden drei Lernziele an. Alle drei zielen auf die Bedienung eines Overheadprojektors.

Welches dieser drei Ziele ist kognitiver, welches affektiver, welches psychomotorischer Art?

1. Die Teilnehmer sollen die Birne des Overheadprojektors auswechseln können.
2. Die Teilnehmer sollen die Möglichkeiten der Abdecktechnik kennen.
3. Die Teilnehmer sollen den Overheadprojektor als vielseitiges Unterstützungsmedium schätzen lernen.

Kognitiv ist Lernziel ____

Affektiv ist Lernziel ____

Psychomotorisch ist Lernziel ____

Schon an den Verben kann man die unterschiedlichen Kategorien ablesen: *Kennen* deutet auf kognitive Lernprozesse hin, *schätzen lernen* auf affektive und schließlich *auswechseln können* auf psychomotorische.

Die Einteilung in diese drei Bereiche ist zwar etwas problematisch, da sich viele Lernziele nicht so einfach trennen lassen. Von praktischer Bedeutung für Lehrveranstaltungen sind vor allem die kognitiven Lernziele.

Diese kognitive Lernziele stehen bei vielen Schulungen im Mittelpunkt. Das sollte einen Dozenten aber nicht dazu verleiten, den affektiven und psychomotorischen Bereich zu vernachlässigen.

Suchen Sie sich ein Seminarthema aus, das Sie gut kennen. Wählen Sie daraus einen Unterrichtsausschnitt von einer Dreiviertelstunde.

Thema:

Schreiben Sie die Lernziele auf, die Sie in dieser Zeit erreichen wollen.

Ordnen Sie diese Lernziele nach
1. kognitiven Zielen

2. affektiven Zielen

3. psychomotorischen Zielen

Falls Sie nicht für jede der drei Zielformen ein Beispiel gefunden haben: Können Sie sich denken, wie solch ein Lernziel aussehen könnte?

1.2 Lernzielstufen bestimmen

Abstrakte und konkrete Ziele

Es gibt einen weiteren wichtigen Unterschied zwischen Lernzielen. Man kann Lernziele danach unterscheiden, wie abstrakt oder wie konkret sie sind. Anders ausgedrückt: Steht ein Ziel für eine kurze Unterrichtssequenz oder vielleicht für einen ganzen Vormittag?

Welcher Art ein Lernziel ist, hängt vom Umfang der Unterrichtsabsichten ab, die mit diesem Lernziel verbunden sind. Es lassen sich drei *Komplexitätsstufen von Lernzielen* unterscheiden:

Feinlernziele

Feinlernziele beziehen sich auf ganz bestimmte, eng eingegrenzte Fähigkeiten.

Beispiel

- *die fünf Merkmale eines Verwaltungsaktes beschreiben können*
- *den Aufbau eines Kritikgespräches mit Varianten beschreiben können*
- *die Rechte des Personalrats bei Neueinstellungen aufzählen können*

Groblernziele

Mehrere inhaltlich zusammenhängende Feinlernziele lassen sich einem Groblernziel zuordnen. Der Grad der Genauigkeit ist geringer als bei einem Feinlernziel.

Beispiel

- *Zusammenspiel zwischen Mitarbeiterförderung und Motivation verstehen*
- *die verschiedenen Folientechniken und deren Einsatz im Unterricht kennen*
- *verschiedene Mitbestimmungsrechte des Personalrats kennen*

Richtlernziele

Mehrere inhaltlich zusammenhängende Groblernziele lassen sich wiederum einem Richtziel zuordnen.

Beispiel

- *Bedeutung der Delegation bei der Mitarbeiterförderung einschätzen können*
- *ein Beurteilungsgespräch durchführen können*
- *Grundzüge des Landespersonalvertretungsgesetzes kennen*

Funktion der Lernzielstufen

Der *Abstraktionsgrad* nimmt vom Feinziel über das Grobziel zum Richtlernziel zu. Gleichzeitig nimmt die Möglichkeit ab, dem Lernziel ein eindeutig beobachtbares Endverhalten zuzuordnen. Daraus folgt, dass für die Vorbereitung einzelner Unterrichtsveranstaltungen Feinlernziele benötigt werden. Richtlernziele stellen dagegen übergreifende Lernziele dar, die sich wiederum aus Feinlernzielen bzw. Groblernzielen zusammensetzen. Die Lernziele, die den Blöcken eines Kurses vorangestellt werden, weisen in der Regel den Abstraktionsgrad von Grobzielen auf. Die generelle Zielsetzung eines Kurses oder Lehrgangs lässt sich dagegen als Richtziel klassifizieren.

Allerdings sind die Begriffe Fein-, Grob- und Richtlernziel relativ. Die Begriffe lassen sich nicht eindeutig gegeneinander abgrenzen.

Als Orientierung kann folgende Faustregel dienen:
Feinlernziel: gibt die zu erlernenden Denk- und Handlungsweisen in konkreter Form an (Dauer etwa zehn bis 25 Minuten).

Groblernziel: gibt das Ziel eines Themas von der Dauer einer Unterrichtsdoppelstunde an.

Richtlernziel: gibt das Ziel für einen Themenblock von der Dauer eines oder mehrerer Tage an.

Der Unterschied zwischen Feinziel, Grobziel und Richtziel ist in der folgenden Tabelle noch einmal zusammengefasst:

Übersicht: Lernzielstufen

Lernziel	Formulierung	Merkmale	Anwendung
Feinziel	Nähere Bestimmung bzw. Beschreibung des Endverhaltens, Angabe des Beurteilungsmaßstabes	Höchster Grad an Eindeutigkeit und Präzision, schließt alle Alternativen aus	Feinplanung
Grobziel	Vage Beschreibung des Endverhaltens ohne Angabe des Beurteilungsmaßstabes	Mittlerer Grad an Eindeutigkeit und Präzision, schließt viele Alternativen aus	Grobplanung
Richtziel	Beschreibung mit umfassenden, unspezifischen Begriffen	Geringster Grad an Eindeutigkeit und Präzision, schließt nur sehr wenige Alternativen aus	Vorgabe für Kurse oder Kursteile

1.3 Lernziele miteinander verknüpfen

Auf Veränderungen hinzielen

Es gibt noch eine dritte wichtige Unterscheidung bei Lernzielen. Jedes Ziel beschreibt eine gewünschte Veränderung: im Können, im Verhalten und in der Einstellung. Um komplizierte (und wertvolle) Veränderungen zu erreichen, muss man oft Schritt für Schritt vorgehen.

Eine Dozentenschulung hat das Ziel, alle Teilnehmer zu guten Trainern auszubilden.

Mehrstufig vorgehen

Um dieses hoch gesteckte Ziel zu erreichen, müssen die Teilnehmer erst einmal Kenntnisse erwerben – zum Beispiel, welche Folientechniken es gibt. Dann müssen sie verstehen, welche Technik sie wann am besten einsetzen. Schließlich müssen die Teilnehmer ihr Wissen richtig anwenden können und in der Lage sein, ihr Verhalten kritisch zu hinterfragen.

Für solche mehrstufigen Vermittlungsprozesse sind in der Schulpädagogik so genannte Taxonomien entwickelt worden, die sich auch in der Erwachsenenbildung gut nutzen lassen.

Vier Stufen

Die bekannteste Taxonomie für den kognitiven Bereich stammt von dem amerikanischen Pädagogen Bloom. Er unterscheidet vier Lernzielstufen, die aufeinander aufbauen:

1. Kennen
2. Verstehen
3. Anwenden (beherrschen), Können
4. Beurteilen

Was versteht man im Einzelnen unter den vier Stufen?

Lernzielstufe »Kennen«

Fakten wissen

Kennen heißt noch nicht verstehen. Vielleicht kann jemand die fünf Merkmale eines Verwaltungsaktes aufzählen, hat aber das Prinzip des Verwaltungsaktes gar nicht verstanden. *Kennen* bedeutet: über elementare Kenntnisse zu verfügen, sich Grundbegriffe angeeignet zu haben, Faktenwissen aufgebaut zu haben. Typische Ziele dieser Stufe sind *Begriffe nennen* und *Fakten aufzählen.*

Lernzielstufe »Verstehen«

Zusammenhänge verstehen

Jede Lernzielstufe setzt die vorherige voraus. Die Lernzielstufe *»Verstehen«* setzt das *»Wissen«* um einen Sachverhalt voraus.

Ich *kenne* Beispiele für Unterrichtsmethoden und *verstehe,* wann man sie sinnvollerweise einsetzt. Ich kann die einzelnen Voraussetzungen zum Einsatz erklären. Ich weiß, wann diese Voraussetzungen vorliegen und ob diese den Einsatz einer bestimmten Methode nahe legen.

Typische Ziele der Stufe *Verstehen* sind *Merkmale unterscheiden* und *Begriffe zuordnen* können.

Lernzielstufe »Anwenden«

Ich kann mein Verständnis in die Praxis umsetzen: Ich kann also auf der Basis meines Wissens und meines Verstehens selbstständig Entscheidungen treffen. Beispielsweise wäre dies der Fall, wenn ich in der Lage bin, begründet Medien einzusetzen.

Entscheidungen treffen

Diese Lernzielstufe wird oft umschrieben mit Ausdrücken wie:
Die Teilnehmer können abgrenzen.
Die Teilnehmer sind in der Lage, zu ermitteln.
Die Teilnehmer beherrschen die Systematik von ...

Lernzielstufe »Beurteilen«

Ich kann mein Verständnis nicht nur in die Praxis umsetzen, sondern bin auch in der Lage, meine Problemlösungen im Rahmen eines größeren Zusammenhanges zu beurteilen.

Einschätzungen vornehmen

Beispiel: Ich kann beurteilen, ob bestimmte Methoden des Stressabbaus für mich persönlich angemessen sind oder nicht.

Lernzielstufen beurteilen bedeutet: den Unterricht lernorientiert zu planen. Die Arbeit mit Lernzielstufen schützt vor unrealistischen Lernzielen. Man sieht immer wieder, dass Dozenten, die dieses Konzept nicht kennen, gravierende Fehler machen. Sie orientieren z. B. ihren Unterricht (unbewusst) an der Lernzielstufe Verstehen, verlangen dann aber in einer Abschlussprüfung eine Anwendung des Gelernten, ohne diese dritte Lernzielstufe bewusst angestrebt und das Erreichen des Lernziels kontrolliert zu haben.

Lernorientiert planen

1.4 Kontrollierbare Lernziele erstellen

Zu den wichtigsten Funktionen der Zielbestimmung zählt die Möglichkeit, den Unterricht *kontrollieren* zu können. Eine Kontrolle ist wichtig, damit der Dozent weiß, was die Teilnehmer tatsächlich gelernt haben

Ziele ermöglichen Kontrolle

und was noch nicht. Sie ist aber auch wichtig, damit der Dozent die Effizienz seines Unterrichts objektiver beurteilen und gezielt Änderungen in der Stoffaufbereitung und -vermittlung vornehmen kann.

Richt- und Grobziele eignen sich nicht zur Kontrolle, sie sind zu ungenau formuliert. Selbst Feinlernziele sind oft ungeeignet.

Die Zielformulierung »*Die Teilnehmer sollen mit einem Textverarbeitungsprogramm arbeiten können*« reicht für eine Detailkontrolle sicher nicht aus.

Geeigneter sind präzise Formulierungen wie »*Die Teilnehmer lernen die verschiedenen Möglichkeiten der Zeichenformatierung kennen*«.

Solche genauen Formulierungen nennt man *operationalisierte Lernziele.*

Drei Komponenten

Ein voll operationalisiertes Lernziel beinhaltet drei Komponenten:
1. Die Angabe des beobachtbaren Endverhaltens
2. Die Angabe der Bedingungen, unter denen das Verhalten gezeigt werden soll (zugelassene Hilfsmittel), z. B. Auswahlantworten, Arbeitszeit, Formelsammlung, Wörterbuch
3. Die Angabe des Beurteilungsmaßstabes (Messinstrument und Fehlertoleranzen), z. B. Geschwindigkeit, Streckenmaße, Anzahl der gelösten Aufgaben

Beispiel

Beispiel	Komponente
Bei zehn Geschäftsbriefen ohne Anrede die richtige Anrede zuordnen können,	1. Beobachtbares Endverhalten (mithilfe von Verben, die möglichst wenig Interpretation zulassen)
wobei zehn Anreden vorgegeben sind	2. Festsetzung der Bedingungen (zugelassene Hilfsmittel)
und mindestens acht Anreden richtig zugeordnet sein sollen.	3. Angabe des Messinstruments (Beurteilungsmaßstab, Fehlertoleranzen)

Ob ein Lernziel ein beobachtbares Endverhalten angibt, lässt sich leicht am Verb ablesen. Formulierungen wie *soll lernen, soll kennen, soll wissen* sind eindeutig nicht operationalisiert – sie sind zu ungenau formuliert.

Versuchen Sie es selbst einmal: Suchen Sie zu den folgenden Hauptwörtern passende, operationalisierte Verben.

Erst ein Beispiel:
Entscheidungen

Falsch wäre *überlegen*, weil man dies in der Regel nicht nachvollziehen kann, richtig wäre etwa *begründen.*

Die Teilnehmer sollen
Maßnahmen

Probleme

Argumente

Ergebnisse

Alternativen

Wenn Sie es sich leicht gemacht haben, haben Sie hinter jedes Wort den Begriff *nennen* geschrieben. Der passt jedes Mal. Andere Möglichkeiten wären *aufzählen, aufzeigen, formulieren, überprüfen, aufschreiben.*

Folgende Tabelle enthält typische Verben mit viel bzw. wenig Interpretationsspielraum:

Beispiel

Verben, die viele Interpretationen zulassen:	Verben, die wenige Interpretationen zulassen:
wissen (was ein Verwaltungsakt ist)	aufzählen können
verstehen (ein Motiv)	vergleichen
einsehen (eine Notwendigkeit)	messen
glauben (an Gott)	zuordnen
achten (den Mitmenschen)	identifizieren
Ehrfurcht haben (vor dem Leben)	Rechenaufgabe lösen
lieben (die Natur)	zeichnen

Bitte versuchen Sie, Ihre Feinziele für ein selbst gewähltes Thema als operationalisierte Ziele zu definieren:

Vorteile operationalisierter Lernziele

Operationalisierte Lernziele bringen einige Vorteile für den Unterricht. Der Dozent kann den Lernprozess präziser planen. Für den Teilnehmer oder dritte Personen wird der Unterricht transparenter. Die Effektivität erhöht sich, weil Dozent und Teilnehmer durch genaue Zielvorstellungen besser motiviert sind. Außerdem kann bei operationalisierten Lernzielen exakter überprüft werden, ob oder in welchem Maße sie erreicht wurden.

Nachteile operationalisierter Lernziele

Den Vorteilen stehen einige Einschränkungen gegenüber:

- Jede Operationalisierung ist eine Verkürzung: Im Unterricht wird meist mehr gelernt, als operationalisiert worden ist und kontrolliert werden kann.
- Die Angemessenheit von Lernzielen darf nicht mit ihrer Operationalisierbarkeit verwechselt werden. Operationalisierung ist kein Verfahren zur Rechtfertigung von Lernzielen, sondern nur eine Form der Beschreibung, um Lernziele überprüfbar zu machen.
- Bei einem lernzielorientierten Unterricht muss die Offenheit der Lernsituation beachtet werden. Situative Momente und die Selbstbestimmung von Lehrenden und Lernenden können jederzeit während des Unterrichts eine Abweichung von operationalisierten Lernzielen nahe legen.

Grenzen der Operationalisierung

Außerdem sind der Operationalisierung Grenzen gesetzt. Nicht alle Lernziele lassen sich genau beschreiben. Vor allem im affektiven Bereich (Gefühl, Einstellungen) ist dies nur schwer möglich. Gleichzeitig besteht auch die Gefahr, dass Lernziele weggelassen oder übersehen werden, die sich nicht in das Raster einer operationalen Lernzielbeschreibung einordnen lassen.

Teilnehmer in Planung einbeziehen

Ein guter Dozent berücksichtigt so weit wie möglich die Interessen der Teilnehmer und lässt sie die Ziele des Kurses mit planen und formulieren. Das bedeutet aber entweder einen gänzlichen Verzicht auf die Operationalisierung oder wenigstens eine Beschränkung auf ausgewählte Beispiele.

Die Erfahrung zeigt, dass viele Dozenten lediglich die Grobziele eines Kurses bestimmen und sich anschließend den Inhalten und deren Strukturierung zuwenden. Das Konzept der operationalisierten Lernziele stammt aus der Schulpädagogik – wie viele andere Begriffe und Verfahren der Erwachsenenbildung auch. Falls Sie allerdings Ihren Unterricht kontrollieren wollen, sollten Sie in jedem Fall mit operationalisierten Zielen arbeiten.

1.5 Umsetzung

1. Schreiben Sie sich alle wichtigen Punkte auf, die Sie umsetzen und ausprobieren wollen.
2. Formulieren Sie die Punkte so, dass sie möglichst konkret sind.
3. Legen Sie fest, welche Punkte Sie in welcher Reihenfolge in Angriff nehmen wollen.
4. Notieren Sie sich eine Frist.
5. Kontrollieren Sie, ob Sie den Punkt fristgerecht umgesetzt haben.

Diese Aspekte möchte ich umsetzen	Priorität	Termin	Erledigt
			☐
			☐
			☐
			☐
			☐
			☐
			☐
			☐
			☐
			☐
			☐
			☐
			☐
			☐

1.6 Fragen zum Verständnis

1. Bitte sehen Sie sich die folgenden Lernziele an. Beurteilen Sie jeweils: Handelt es sich um kognitive, affektive oder psychomotorische Lernziele?

   Die Teilnehmer sollen eine positive Einstellung zum Computer bekommen.
   Lernzielkategorie: ☐ kognitiv ☐ affektiv ☐ psychomotorisch

   Die Teilnehmer sollen Stressfaktoren und ihre Wirkung beurteilen können.
   Lernzielkategorie: ☐ kognitiv ☐ affektiv ☐ psychomotorisch

   Die Teilnehmer sollen die richtige Handhabung von Kopierern lernen.
   Lernzielkategorie: ☐ kognitiv ☐ affektiv ☐ psychomotorisch

   Die Teilnehmer sollen das Verhältnis zwischen Exekutive und Legislative kritisch hinterfragen können.
   Lernzielkategorie: ☐ kognitiv ☐ affektiv ☐ psychomotorisch

2. Beurteilen Sie bitte, um welche Lernzielstufe es sich bei den folgenden Zielen handelt.

   Die Teilnehmer sollen nach dem Seminar mit ihrem alltäglichen Stress besser umgehen können.
   ☐ Stufe »Kennen« ☐ Stufe »Verstehen«
   ☐ Stufe »Anwenden« ☐ Stufe »Beurteilen«

   Die Teilnehmer sollen das deutsche Wahlsystem in seinen Grundzügen nachvollziehen können.
   ☐ Stufe »Kennen« ☐ Stufe »Verstehen«
   ☐ Stufe »Anwenden« ☐ Stufe »Beurteilen«

   Die Teilnehmer sollen die wichtigsten deutschen Dichter des 19. Jahrhunderts und deren Hauptwerke aufzählen können.
   ☐ Stufe »Kennen« ☐ Stufe »Verstehen«
   ☐ Stufe »Anwenden« ☐ Stufe »Beurteilen«

1.7 Planungsaufgabe

Suchen Sie sich ein Seminarthema aus, am besten ein Seminar, das Sie selbst geben oder geben werden.

1. Erstellen Sie für einen Lernblock von anderthalb Stunden die zugehörigen Lernziele: *Richtziele, Grobziele, Feinziele.*
2. Versuchen Sie, die Feinziele in die vier Lernzielstufen *kennen, verstehen, anwenden, beurteilen* einzuordnen.

Erstellen Sie sich ein Schema wie folgendes:

Zielkategorie		**Zielstufe**
Richtziel 1:		
Grobziel 1:		
Feinziel 1:		kennen
Feinziel 2:		verstehen
Feinziel 3:		anwenden
Feinziel 4:		beurteilen
Grobziel 2:		
Feinziel 1:		kennen
Feinziel 2:		verstehen
Feinziel 3:		anwenden
Feinziel 4:		beurteilen
usw.		

2 Inhalte auswählen

Das Problem kennen fast alle Dozenten: Sie haben ein interessantes Thema, über das es viel zu sagen gibt. Sie haben aber zu wenig Zeit, um dieses Thema im Unterricht umfassend zu behandeln. *Viele Inhalte, wenig Zeit* – dies ist das Problem, das fast für jedes Seminar und jeden Unterricht zutrifft. Wie schafft man es trotzdem, ein Seminar zu konzipieren, bei dem der Dozent und die Teilnehmer zufrieden sind und an dessen Ende ein ansehnlicher Lernerfolg steht?

Am Anfang jeder Unterrichtsplanung stehen die Ziele. Der Kern jeden Unterrichts ist aber der Lernstoff, der ausgewählt, aufbereitet und umgesetzt werden muss. Hier machen Dozenten oft den Fehler, zu viel Stoff in das Seminar zu packen. Häufig leidet dabei die Anwendung und Umsetzung des Gelernten. Damit ist die Inhaltsauswahl eine der zentralen Fragen jeder Unterrichtsplanung.

Dieses Kapitel liefert Ihnen Antworten auf Fragen wie:

- Wonach richtet sich die Auswahl der Inhalte hauptsächlich?
- Wie wirken sich Ziele und die Systematik des Stoffgebietes auf die Zielauswahl aus?
- Wie berücksichtigt man die Zielgruppe und Teilnehmer bei der Auswahl der Inhalte?
- Wie bereitet man Inhalte auf?

2.1 Stoffauswahl beschränken

Das richtige Maß finden

Über einen Grashalm kann man sehr lange reden und über die ganze Welt kurz. Ein erster Schritt zu einer vernünftigen Stoffauswahl ist die Einsicht, dass es in jedem Fall der falsche Weg ist, möglichst viel Stoff in ein Seminar zu packen. Damit würde man von dem, was man beabsichtigt, genau das Gegenteil bewirken. Denn: je mehr Stofffülle, desto weniger Zeit zur Verarbeitung des Gelernten, zur Diskussion, zur Übung, zur Anwendung und zur Übertragung. Kurz gesagt: Je mehr Stoff, desto geringer ist wahrscheinlich der Lernerfolg.

In der Lehre ist weniger oft mehr – das geflügelte Wort gilt nach wie vor.

Daraus lässt sich folgender Grundsatz ableiten: lieber weniger Lernstoff, dafür aber gut aufbereitet. Außerdem unterschätzt man leicht, wie groß die Verständigungs- und Lernschwierigkeiten bei Teilnehmern sein können, wo doch der Stoff nach der Meinung des Dozenten gar nicht so schwer zu verstehen ist. Ein Dozent sollte deshalb immer überlegen, ob ein bestimmter Lerninhalt in einer bestimmten Lernphase wirklich sinnvoll ist.

Nutzenorientierung

Ein ganz wichtiger Punkt bei der Auswahl der Inhalte ist der *Praxisbezug*. Was nützt den Teilnehmern Wissen auf Vorrat, das sie selten oder nie anwenden können? Deshalb sollte man sich als Dozent als Erstes fragen, welches Wissen der Zielgruppe und den Teilnehmern bei ihren täglichen Aufgaben wie nützlich ist.

Achten Sie bei der Stoffauswahl auf die Möglichkeiten zur Umsetzung des Gelernten.

Sieht man ein Seminar unter diesem Blickwinkel, tauchen bei der Inhaltsauswahl drei neue Fragen auf:

1. Welche Inhalte eignen sich gut, um den Teilnehmern ein strukturiertes Wissen über das Stoffgebiet zu verschaffen? Wenn man die Hauptbegriffe, die Strukturen und Zusammenhänge eines Stoffgebietes kennt, kann man sich Details selbst erarbeiten oder nachschlagen. Auf solche Details kann deshalb in der Schulung wahrscheinlich verzichtet werden.

2. Wie legt man im Seminar die Grundlagen, damit die Teilnehmer nach der Schulung selbstständig weiterlernen können? Dieser Aspekt ist in der heutigen Zeit besonders wichtig, da sich das Wissen in immer kürzeren Zeiträumen vervielfacht.
3. Wie könnte man die Fähigkeit zum selbstständigen Weiterlernen im Seminar fördern? Ein erster Schritt ist die Förderung des Interesses. Nur wer interessiert ist, wird sich mit dem Thema auch weiterhin beschäftigen wollen.

Darüber hinaus sollte der Dozent den Teilnehmern

- Informationsmöglichkeiten aufzeigen. Wen können die Teilnehmer ansprechen? Welche Veröffentlichungen gibt es?
- den Umgang mit Informationsquellen üben lassen.
- Methoden näher bringen, um sich mit dem Stoffgebiet auseinander setzen zu können.
- die Gelegenheit geben, selbstständig zu arbeiten und Probleme selbst zu lösen.
- Lern- und Arbeitshilfen an die Hand geben, die sie auch nach dem Seminar noch nutzen können.

Die Notwendigkeit, Strukturwissen zu vermitteln und zum selbstständigen Weiterlernen zu ermutigen und zu befähigen, resultiert direkt aus dem engen Zeitkorsett vieler Seminare.

2.2 Inhaltsauswahl begründen

Drei Auswahlkriterien

Bei der Auswahl der Inhalte gibt es drei Hauptfaktoren zu beachten:

1. die Ziele des Unterrichts
2. die Systematik des Stoffgebietes
3. die Teilnehmer

Neben diesen drei Hauptkriterien spielen auch noch eine Rolle:

- die Rahmenbedingungen
- die Methodik
- die verfügbaren Medien
- die Vorlieben des Dozenten

Filter Nr. 1: die Lernziele

Die *Ziele des Unterrichts* sind der erste große Filter bei der Auswahl der Inhalte. Alle Inhalte, die nicht zu den Zielen passen, bleiben von vornherein unberücksichtigt.

Allein schon diese Überlegung rechtfertigt die Arbeit mit Lernzielen. Viel unnützer Stoff passiert den Filter lernzieladäquat nicht, wenn man sich die Mühe macht, Ziele und Inhalte genau abzugleichen.

Filter Nr. 2: die Systematik des Stoffs

Jeder Lernstoff hat seine eigene Struktur und seine eigene Charakteristik. Will man die Struktur des Stoffs den Teilnehmern vermitteln, muss man sich auch nach der *Stoffsystematik* richten.

Beispiel

Juristische Themen etwa bestehen hauptsächlich aus den Elementen Gesetz mit Kommentierung und Anwendung mit Beispielen.
IT-Themen sind zwar meist sehr logisch, aber oft überaus kompliziert.
Mathematische Themen sind sehr strukturiert, aber sehr abstrakt usw.

So hat jedes Gebiet seine eigene Charakteristik, an der man sich als Dozent orientieren muss. Die Teilnehmer sollen die Struktur ja verstehen. Folgenden drei Fragen sollte bei der Planung der Schulung nachgegangen werden:

1. Welche Struktur hat der Stoff?
2. Welche besonderen Lernerfordernisse ergeben sich daraus?
3. Welche Lernprobleme sind zu erwarten?

Daraus lassen sich dann Maßnahmen ableiten, um Lernproblemen entgegenzuwirken. Beispielsweise sollten Sie bei sehr abstrakten Inhalten mit vielen Beispielen und Vergleichen arbeiten.

Filter Nr. 3: die Teilnehmer

Bei jedem Seminar ist die Zielgruppe bekannt. Darauf kann man die Inhaltsauswahl abstellen. Allerdings können zwischen Zielgruppe und den tatsächlichen Teilnehmern riesige Unterschiede bestehen. Im Extremfall gibt es gar keinen Zusammenhang, weil eine falsche Zielgruppe definiert wurde oder die Teilnehmer sich nicht an die Vorgaben der Ankündigung hielten.

Kennt man – wenigstens ungefähr – die *Struktur der Teilnehmergruppe*, kann dies wichtige Hinweise auf die Auswahl der Inhalte geben. Weil die Ziele natürlich auch auf die Teilnehmer ausgerichtet sind, sind die Teilnehmer selbst dann ein weiterer Filter.

Deshalb kann es kein Standardseminar für alle Fälle geben. Dieser Aspekt wird zu oft vergessen. Provokant ausgedrückt:

- Zu viele Seminare geben bedeutungslose und weitschweifige Antworten auf Fragen, die niemand gestellt hat.
- Zu häufig vermitteln Dozenten Stoff, der die Teilnehmer nicht oder nur am Rande interessiert.
- Zu häufig ist der Lernstoff nicht alltagstauglich: Die Teilnehmer können das Gelernte im Alltag nicht umsetzen.
- Zu häufig sind die Ausführungen des Dozenten langwierig und langweilig.

Lösungsorientiert lehren

Auch bei der Berücksichtigung der Teilnehmer gibt es wieder zwei Hauptkriterien: *übertragbares Wissen* und *größtmöglicher Nutzen*. Lernen ist in der beruflichen Bildung kein Selbstzweck. Das Wissen muss für den Einzelnen Nutzen bringen, im Alltag anwendbar sein. Um diesen Aspekt berücksichtigen zu können, muss der Dozent wissen, was seine Teilnehmer im (beruflichen) Alltag tun oder tun wollen und wo ihre Probleme und Interessen liegen. Dieses Wissen muss er dann aber auch im Unterricht berücksichtigen. Das ist nicht immer leicht, weil jeder Teilnehmer vor anderen Herausforderungen steht.

Nutzen schaffen

Als Zweites sollte der Nutzen in Relation zu der Zeit und dem Aufwand stehen, den der Teilnehmer auf sich nimmt, um am Seminar teilzunehmen. Gibt es verschiedene Möglichkeiten der Unterstützung der Teilnehmer, sollten Sie die Inhalte mit dem größten Nutzen für den Alltag auswählen.

Weitere Kriterien

Es gibt noch weitere Kriterien, die der Dozent bei der Stoffauswahl berücksichtigen sollte:

- Interessen der Teilnehmer
- Lernschwierigkeit
- notwendige Lernzeit
- Häufigkeit im Alltag
- Wichtigkeit im Alltag

Bitte überlegen Sie, warum der Dozent diese fünf Kriterien bei der Auswahl der Inhalte heranziehen sollte.

- Interessen der Teilnehmer
  Grund:
  ____

- Lernschwierigkeit
  Grund:
  ____

- notwendige Lernzeit
  Grund:
  ____

- Häufigkeit im Alltag
  Grund:
  ____

- Bedeutung für den Alltag
  Grund:
  ____

Interessen Je mehr die Teilnehmer ein Thema interessiert, desto motivierter werden sie bei der Sache sein und desto mehr lernen sie.

Lernschwierigkeit Sind die Inhalte zu schwer zu vermitteln und zu verstehen, leiden wiederum Aufmerksamkeit und Lernerfolg.

Lernzeit Wenn ein Thema dagegen leicht zu verstehen ist, stellt sich schnell ein sicherer Lernerfolg ein. Dieser Erfolg wirkt sich wiederum positiv auf das Interesse und die Mitarbeit aus. Allerdings sollten weder Stoff noch Aufgaben zu banal sein. Das wirkt eher demotivierend.

Bedeutung für den Alltag

Beherrscht man eine Fähigkeit oder Fertigkeit nicht und wird man häufig mit diesem Manko konfrontiert oder ist die fehlende Qualifikation besonders wichtig für einen selbst oder die Arbeit, ist das Interesse an einer Änderung dieses unbefriedigenden Zustandes besonders groß.

Dennoch können diese Kriterien nur sekundärer Art sein. Sie können nicht ausschließlich zur Stoffauswahl herangezogen werden. Denn was nützt ein Unterricht, bei dem die Teilnehmer interessiert zuhören und mitmachen, bei dem alle Inhalte leicht zu verstehen und schnell zu lernen sind und der Fähigkeiten und Fertigkeiten zum Inhalt hat, die die Teilnehmer zwar häufig nutzen, aber längst beherrschen? Hier bleibt der Nutzen auf der Strecke.

Muss-, Soll- und Kannthemen

Die *Alltagsrelevanz* ist außerordentlich wichtig. In Seminaren wird sie oft vernachlässigt oder kann wegen zu unterschiedlicher Teilnehmervoraussetzungen nur schwer eingelöst werden. In Hinblick auf unterschiedliche Teilnehmergruppen ist die Einteilung in *Mussthemen*, *Sollthemen* und *Kannthemen* sinnvoll. *Mussthemen* bilden das Gerüst jeden Unterrichts, unabhängig davon, um welche Zielgruppe es sich handelt. Die Auswahl der *Sollthemen* richtet sich nach der Teilnehmergruppe. *Kannthemen* finden nur dann im Unterricht Berücksichtigung, wenn bei den Teilnehmern ein nachhaltiges Interesse besteht.

Überlegen Sie für eines Ihrer Seminare:

Was sind Mussthemen?

____

Was sind Kannthemen?

____

Zusammengefasst gibt es folgende Hauptkriterien bei der Auswahl von Inhalten:

1. Teilnehmerbezug

Relevant und unbekannt

Wählen Sie solche Inhalte aus, die für die Teilnehmer wichtig und unbekannt sind und die im Schwierigkeitsgrad den Teilnehmern entsprechen – also weder zu einfach noch zu schwierig sind.

Leitgedanke: Was müssen die Teilnehmer aus dem Stoffgebiet wissen, um das Gelernte im Berufsalltag selbstständig nutzen zu können?

2. Vermittlungsbezug

Notwendig und anschaulich

Wählen Sie solche Inhalte aus, die unbedingt zum Verständnis des Problems notwendig sind und die sich anschaulich und einsichtig vermitteln lassen.

Leitgedanke: Was müssen die Teilnehmer an Kenntnissen aus dem Themenbereich erwerben, um mit einem Problem, einer Anforderung oder einer Aufgabe selbstständig und ohne große Schwierigkeiten umgehen zu können? Die Betonung liegt hier auf *selbstständig*. Für die selbstständige Arbeit ist die Kenntnis möglicher Hilfen und des Umgangs mit diesen Hilfen (Nachschlagewerke, Handbücher u.a.) unumgänglich.

3. Zeitbezug

Passend zum Zeitrahmen

Wählen Sie solche Inhalte aus, die sich in der verfügbaren Zeit wirklich vermitteln lassen.

Leitgedanke: Wie viel Lernstoff lässt sich in der verfügbaren Zeit vermitteln, ohne die Teilnehmer zu überfordern und dennoch genügend Zeit für Übungsphasen zu haben?

2.3 Inhalte aufbereiten

Liegen die Inhalte fest, müssen sie aufbereitet werden. Hierin liegt eine zentrale Aufgabe des Dozenten. Er muss oft sehr komplexe Zusammenhänge »herunterbrechen« und für die Zielgruppe erschließen. Das darf aber nicht dazu führen, dass die Inhalte zu stark vereinfacht und damit verzerrt weitergegeben werden.

Er muss überlegen, wie die Vermittlung vorstrukturiert werden kann, wie die Lernenden eine Übersicht erhalten, um Detailinformationen einordnen zu können, und in welcher Reihenfolge diese Informationen vermittelt werden, um Schritt für Schritt und analog zu der Vorstrukturierung Praxiswissen aufzubauen.

Vier pädagogische Prinzipien

Dabei kann man sich vier *pädagogischer Prinzipien* bedienen, die sich in der Schulpädagogik seit Jahrzehnten bewährt haben:

1. vom Leichten zum Schweren
2. vom Bekannten zum Unbekannten
3. vom Konkreten zum Abstrakten
4. vom Nahen zum Fernen

Die Prinzipien orientieren sich alle am Lernen der Teilnehmer und versuchen, die Lernenden dort abzuholen, wo sie stehen, und Schritt für Schritt in die (abstrakte, komplizierte, unbekannte) Materie hineinzuführen.

Deduktiv oder induktiv

Grundsätzlich gibt es dabei zwei Vorgehensweisen: das *deduktive* und das *induktive* Verfahren. Beim deduktiven Verfahren wird mit allgemeinen Prinzipien angefangen und daraus Detailwissen abgeleitet. Beim induktiven Verfahren ist das Vorgehen genau umgekehrt: Erst werden verschiedene Alltagserfahrungen und -fälle besprochen, um dann daraus auf Gemeinsamkeiten und allgemeine Regeln zu schließen.

Lernstoff gut gliedern

Anschließend gliedert der Dozent die Inhalte in *überschaubare Lerneinheiten*. Diese Lerneinheiten sollten groß genug sein, um den Lernstoff nicht auseinander zu reißen, aber klein genug, um die Lernenden nicht mit zu viel Stoff zu überfordern.

Die Aufgliederung des Stoffs ist wichtig. Durch eine gute Aufgliederung entsteht eine Folge von Einzelsequenzen, die aufeinander aufbauen und miteinander verzahnt sind. Gleichzeitig bleibt der rote Faden erhalten. Die Sequenzen sind wiederum Ausgangspunkt für Überlegungen, wie der Dozent das Seminar lebendig und abwechslungsreich gestalten kann.

2.4 Umsetzung

1. Schreiben Sie sich alle wichtigen Punkte auf, die Sie umsetzen und ausprobieren wollen.
2. Formulieren Sie die Punkte so, dass sie möglichst konkret sind.
3. Legen Sie fest, welche Punkte Sie in welcher Reihenfolge in Angriff nehmen wollen.
4. Notieren Sie sich eine Frist.
5. Kontrollieren Sie, ob Sie den Punkt fristgerecht umgesetzt haben.

Diese Aspekte möchte ich umsetzen	Priorität	Termin	Erledigt
			☐
			☐
			☐
			☐
			☐
			☐
			☐
			☐
			☐
			☐
			☐
			☐
			☐
			☐

2.5 Fragen zum Verständnis

1. Nehmen wir an, Sie führen ein Seminar für Dozenten durch. Ein Thema lautet: Nach welchen Kriterien wähle ich Inhalte aus?

   Welche Punkte würden Sie im Unterricht behandeln? Sie haben für die Einheit (unbeschränkt) Zeit. Versuchen Sie, die Themen in eine Reihenfolge zu bringen.

   Beispiel
   1. Vorlieben des Dozenten
   2. Erwartungen der Teilnehmer
   3. Praxisbezug...

   1. ______________________________
   2. ______________________________
   3. ______________________________
   4. ______________________________
   5. ______________________________
   6. ______________________________
   7. ______________________________
   8. ______________________________
   9. ______________________________
   10. ______________________________
   11. ______________________________

2. Nennen Sie die drei Kriterien bei der Inhaltsauswahl, die Ihrer Meinung nach am wichtigsten sind. Begründen Sie Ihre Wahl:

Kriterium 1:

Begründung

Kriterium 2:

Begründung

Kriterium 3:

Begründung

2.6 Reflexions- und Planungsaufgabe

1. Suchen Sie sich einen Unterrichtsausschnitt von 45 oder 90 Minuten Dauer aus.
2. Schreiben Sie das Ziel des Lernabschnitts auf.
3. Machen Sie Angaben zu Ihrer Zielgruppe (Teilnehmer).
4. Notieren Sie die Themen, die Sie in dem Unterrichtsabschnitt nacheinander behandeln wollen.
5. Begründen Sie die Wahl und die Abfolge der Themen.
6. Liegen der inhaltlichen Abfolge pädagogische Prinzipien zugrunde? Wenn ja, welche?

Orientieren Sie sich bei der Beantwortung an folgendem Muster:

Lernziel:

____

Teilnehmer:

____

■ Inhalt 1:

____

Begründung:

____

____

■ Inhalt 2:

____

Begründung:

____

____

usw.

3 Unterricht vorbereiten

Für viele Dozenten sind die ersten Minuten die schwierigste Phase im Seminar: Sie sind nervös, vielleicht zweifeln sie sogar an ihrem Können und dem Erfolg. Eine gute Vorbereitung, die richtige Einstellung und ein gelungener Anfang helfen, diese Unsicherheit abzubauen.

Ihre inhaltliche Planung ist abgeschlossen. Nun steht das Seminar vor der Tür. Vorbereitung und Anfang eines Seminars sind besonders wichtig. Gleich zu Beginn sollte es nicht zu Pannen kommen. Außerdem sollten die Teilnehmer sofort ein positives Bild von Ihrer Person und Ihrer Seminarorganisation gewinnen.

Dieses Kapitel liefert Ihnen Antworten auf Fragen wie:

- Wie lassen sich möglichst gute Rahmenbedingungen schaffen?
- Wie stimme ich mich am besten auf das Seminar ein?
- Wie sorge ich für einen guten Anfang?
- Was gehört noch zu der Eingangsphase eines Seminars?

3.1 Gute Rahmenbedingungen schaffen

Zu der Vorbereitung eines Seminars gehört es, die richtigen Rahmenbedingungen zu schaffen.

Den Rahmenbedingungen einer Schulung wird oft nicht genügend Aufmerksamkeit gewidmet – zu Unrecht. Denn ungünstige Rahmenbedingungen können gleich doppelt den Erfolg eines Seminars gefährden:

- direkt, wenn sie die Arbeit im Seminar behindern
- indirekt, wenn sie sich negativ auf die Stimmung der Teilnehmer oder ihr Wohlbefinden auswirken, was sich wiederum auf das Seminar auswirkt

Kleine Ursache – große Wirkung

Schon scheinbare Kleinigkeiten können deutliche Wirkungen zeigen. So zeigt eine Untersuchung, dass sich allein durch eine Verbesserung der Beleuchtung fast zehn Prozent höhere Leistungen beim logischen Denken und über 15 Prozent höhere Leistungen beim Merken erreichen lassen. Wie die Wirkungen auch sein mögen: In jedem Fall sollten Sie durch eine gute Planung den Erfolg Ihres Seminars wahrscheinlicher machen.

Besonders wichtig ist natürlich der Schulungsraum selbst. Die wichtigsten Dinge, die es hier zu beachten gibt, sind:

- Größe und Lage
- Anordnung der Tische und Stühle
- Medienausstattung

3.2 Größe und Lage eines Schulungsraumes auswählen

Die richtige Größe wählen

Ein Seminarraum muss umso größer sein, je mehr Teilnehmer das Seminar hat. Dies ist sicher eine nahe liegende Feststellung. Sie lässt sich aber noch etwas genauer fassen. Der Raum muss mindestens so groß sein, dass:

- jeder Teilnehmer seinen Platz einnehmen kann, ohne andere zu behindern.
- eine optimale Anordnung der Tische möglich ist.
- bei Bedarf mehrere Gruppen gebildet werden können, die – ohne einander zu stören – arbeiten können.

- der Dozent genügend »Auslauf« hat.
- genügend Platz für die notwendigen Medien vorhanden ist – unabhängig davon, ob man im Moment damit arbeitet oder nicht.

Außerdem sollte der Raum so gestaltet sein, dass jeder Teilnehmer eine gute Sicht auf den Dozenten und die Medien hat. Der Raum sollte deshalb kein »Schlauch« sein. Auch sollte die Sicht nicht durch Pfeiler oder Ecken behindert werden.

Im Idealfall ist der Seminarraum so groß, dass ein Drittel des Raums für den Arbeitsbereich des Dozenten reserviert bleibt und die Teilnehmer trotzdem genügend Platz haben. Es gibt aber auch das andere Extrem: zu große Räume, die die Stimme des Dozenten auf eine harte Probe stellen, weil die Akustik schlecht ist.

Störungen vermeiden

An die Lage des Seminarraums ist eigentlich nur eine Forderung zu stellen: Sie muss ein ruhiges, ungestörtes Arbeiten erlauben. Dies bedeutet zum Beispiel, dass keine störenden Geräusche aus anderen Seminarräumen herüberdringen, nicht gerade in der Nähe Bauarbeiten vor sich gehen und auch nicht das Telefon im Seminarraum häufig klingelt oder Seminarteilnehmer herausgerufen werden.

Licht regulierbar?

Den Raum sollten Sie (auch partiell) verdunkeln können, etwa um Dias zu projizieren oder Lichtreflexionen, zum Beispiel auf dem Fernsehbildschirm, zu vermeiden. Dazu ist es notwendig, die Fenster verdunkeln und auch das Licht variabel regulieren zu können.

Ähnliches gilt natürlich auch für die *Beleuchtung*. Sie muss hell genug sein, darf aber nicht blenden und Sie müssen gezielt Teile des Raums mehr oder weniger ausleuchten können. Besonders vorteilhaft ist dies etwa bei der Overheadprojektion.

3.3 Tische und Stühle anordnen

Die Frage der Anordnung der Tische und Stühle hat direkten Einfluss auf die Güte und den Erfolg eines Seminars. Eine falsche Aufstellung ist für einen guten Unterricht sehr hinderlich.

Anordnung von Tischen und Stühlen

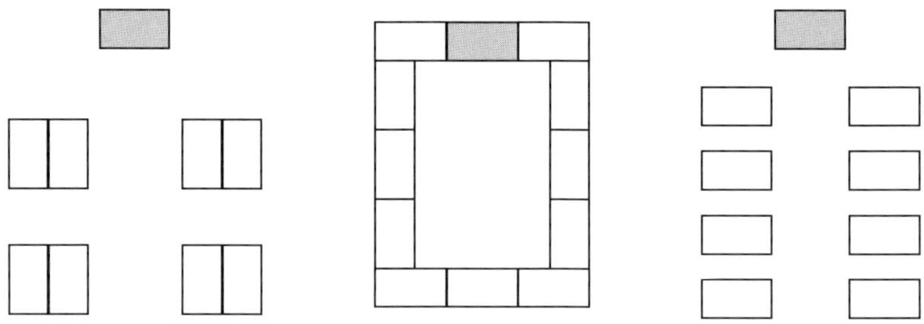

Gruppentische **Hufeisen** **Klassenform**

Die schraffierten Tische sind jeweils die des Dozenten

Alle drei Varianten haben Vor- und Nachteile. Welche für bestimmte Seminare geeignet sind, hängt von der Teilnehmerzahl, dem Seminarthema und den Unterrichtsmethoden ab.

Bitte füllen Sie die folgende Tabelle aus. Ist die Sicht auf die Medien beispielsweise gut, mäßig, schlecht?

Kriterium / **Anordnung**	Klassenform	Hufeisen	Gruppentische
Sicht auf Medien			
Möglichkeit der Kommunikation untereinander			
Sichtkontakt untereinander			

Beim Kriterium »Kommunikation« schneidet die *Klassenform* am schlechtesten ab. Nichtsdestotrotz findet sich in vielen Schulungsräumen immer noch diese Tischanordnung. Die Klassenform ist nur geeignet bei großen Teilnehmergruppen und einem Frontalunterricht, mit dem allerdings viele Nachteile verbunden sind.

Die *Gruppentische* gewährleisten zwar eine gute Kommunikation zwischen den Tischnachbarn, allerdings ist diese Form bei Vorträgen und Unterrichtsgesprächen ungünstig.

Bleibt noch das Hufeisen, eine recht gute, aber auch nicht ideale Form.

Bei der *Hufeisenform* gibt es zwei Varianten: Entweder ist der Dozententisch integriert oder er steht frei.

Die zwei Varianten der Hufeisenform

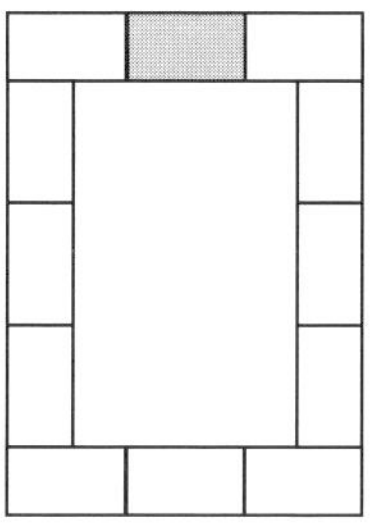

Variante A:
Dozententisch integriert

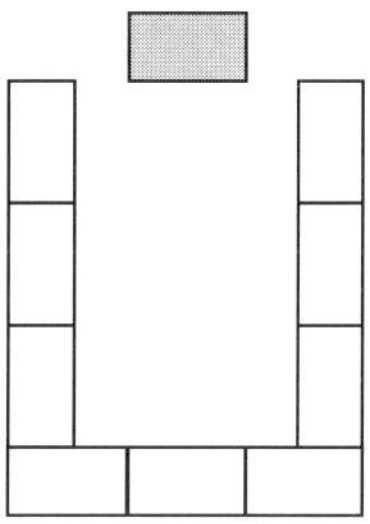

Variante B:
Dozententisch steht frei

Welche dieser beiden Varianten ist für Ihre Seminare günstiger?
Begründen Sie Ihre Wahl.

____

____

____

____

Die offene Variante hat einen entscheidenden Vorteil: Der Dozent kann den Tischinnenraum nutzen. Er kann so auf die Teilnehmer zugehen, Materialien verteilen, etwas vorführen oder zeigen.

Sorgen Sie für einen ungehinderten Zugang zum Tischinnenraum.

Jeder Teilnehmer sollte genügend Platz für sich haben, genügend Ellenbogenfreiheit und genügend Ablagefläche auf dem Tisch. Denken Sie daran, dass jeder Mensch sich unwohl fühlt, wenn ihm Fremde zu nahe kommen. Ein Beispiel für solch eine Situation erleben Sie häufig in Aufzügen. Am besten wäre deshalb, jedem Teilnehmer einen eigenen Tisch zur Verfügung zu stellen. Das bedeutet aber gleichzeitig, dass die Teilnehmergruppe nicht mehr als zwölf, maximal 15 Personen umfassen darf. Leider bleibt das oft eine Wunschvorstellung.

Die Stühle sollten natürlich bequem genug sein, um (ungewohntes) mehrstündiges Sitzen ohne Probleme zu ermöglichen.

Scheuen Sie sich nicht, vor Beginn des Seminars die Tischanordnung zu verändern, wenn sie Ihnen nicht zusagt.

3.4 Angenehme Lernumgebung schaffen

Eine angenehme Lernumgebung beginnt natürlich mit der richtigen Raumgröße und einer günstigen Tischanordnung. Es gibt aber noch eine Reihe weiterer Kriterien, die zu einer guten Lernumgebung beitragen:

Beeinflussbar durch Veranstalter

- Der Seminarraum muss über ein gutes *Raumklima* verfügen. Es darf nicht zu heiß oder zu kalt sein.
- Man muss den Raum lüften können.
- Es muss ausreichend *Tageslicht* in den Raum fallen.
- Es muss ein ruhiges Arbeiten ohne *Störungen* möglich sein.

Diese Faktoren lassen sich vom Dozenten nicht beeinflussen. Falls der Raum nicht seinen Vorstellungen entspricht, kann er höchstens darauf drängen, einen anderen Seminarraum zu erhalten. Doch auch der Dozent kann einiges tun:

Beeinflussbar durch den Dozenten

- Er kann sich bei den Teilnehmern rückversichern, ob die *Raumtemperatur* für sie angenehm ist.
- Er kann dafür sorgen, dass in den Pausen gelüftet wird.
- Er kann für Hinweisschilder sorgen, damit die Teilnehmer schnell den Seminarraum finden.
- Er kann *Namensschilder* austeilen, Teilnehmer mit Namen ansprechen und auf diese Weise mit gutem Beispiel vorangehen.
- Er kann auf jeden Teilnehmerplatz eine *Tagungsmappe* auslegen, einen Block und einen Stift. Der erste Eindruck ist oft entscheidend. Dies trifft auch auf einen vorbereiteten Teilnehmerplatz zu.

3.5 Medien bereitstellen

Welche Medien gehören in einen Seminarraum? Das lässt sich – allgemein betrachtet – nur schwer beantworten. Die erste Frage ist natürlich, welche Medien überhaupt zur Verfügung stehen; die zweite Frage, welche Medien Sie für Ihren Unterricht benötigen.

Das wichtige Thema Medieneinsatz wird in einem eigenen Baustein behandelt (siehe Kapitel 9: Medieneinsatz planen). Hier sollen lediglich einige Regeln im Hinblick auf (ungünstige) Rahmenbedingungen gegeben werden.

Typische Medien in Seminarräumen

In fast jedem Seminarraum befindet sich heutzutage ein *Overheadprojektor*. Ein solches Gerät kann vielfältig eingesetzt werden.

Achten Sie darauf, dass eine brauchbare Projektionsfläche vorhanden ist, die möglichst nach unten etwas angeschrägt ist, damit sich das Bild verzerrungsfrei darstellen lässt. Der Abstand zwischen Projektor und Wand muss so groß sein, dass alle Teilnehmer das Bild gut sehen können. Stellen Sie den Projektor so auf, dass Sie sich neben das Bild stellen können und die Sicht auf das Bild nicht behindern.

Checkliste Overheadprojektor

- ☐ Ist der Overheadprojektor funktionstüchtig?
- ☐ Besteht die Möglichkeit – falls die Glühlampe durchbrennt –, auf eine zweite umzuschalten oder sie auszuwechseln?
- ☐ Ist eine Ersatzglühlampe vorhanden?
- ☐ Ist die Glasplatte sauber?
- ☐ Sind genügend Leerfolien oder eine Folienrolle vorhanden?
- ☐ Sind funktionstüchtige Folienstifte in verschiedenen Farben vorhanden?
- ☐ Ist ein Verlängerungskabel oder ein Mehrfachstecker notwendig und vorhanden?

Tafel

Wenn im Raum noch eine *Tafel* zur Verfügung steht, haben Sie bereits eine gute Mediengrundausstattung. In der Regel kommt man mit diesen zwei verschiedenen Medien aus: Das eine Medium dient dazu, Ergebnisse festzuhalten und zur Verdeutlichung schnell etwas zu visualisieren, mit dem anderen Medium können Sie vorbereitete Materialien den Teilnehmern anschaulich machen.

Zur Ergebnissicherung und zum schnellen Visualisieren lässt sich auch ein *Flipchart* (Papiertafel) einsetzen.

Checkliste Flipchart

- ☐ Ist das Flipchart standsicher aufgestellt?
- ☐ Sind genügend Flipchart-Blätter vorhanden (mindestens 20 Stück)?
- ☐ Sind dicke und dünne Filzschreiber in vier Farben vorhanden und funktionstüchtig?

Mit der *Stellwand* können ebenfalls Inhalte visualisiert, Ergebnisse festgehalten, aber auch vorbereitete Materialien den Teilnehmern veranschaulicht werden.

Checkliste Stellwand

- ☐ Sind die Beine der Stellwände festgeschraubt?
- ☐ Sind dicke und dünne Filzschreiber in vier Farben vorhanden und funktionstüchtig?
- ☐ Sind genügend Papierbögen (mindestens zehn) vorhanden?

- ☐ Ist ein »Metaplan«-Koffer im Raum?
- ☐ Ist er ausreichend bestückt (viele rechteckige, aber möglichst auch ovale und runde Karten in verschiedenen Farben, Kartenstreifen und Wolken, mindestens 20 Filzstifte, Klebepunkte, Schere, Kleber, Tesakrepp, Locher)?

Anforderungsprofil

Damit sind die vier Medien zur Unterstützung des Dozenten aufgeführt, die die größte Bedeutung haben. Jedes dieser Medien hat seine Vor- und Nachteile. Ideal ist es deshalb, alle im Seminar zur Verfügung zu haben.

Um Probleme mit falscher Tischanordnung und fehlenden Medien zu vermeiden, können Sie ein Anforderungsprofil erstellen, in Hotels *Bankettanweisung* genannt. Darin ist festgehalten, wie der Raum aussehen soll, von der Größe über die Ausstattung bis zur Anordnung der Tische und Medien.

Falls Sie *Videos* zeigen oder Videoaufnahmen im Seminar machen wollen, stellen Sie vorab sicher, dass alle nötigen Voraussetzungen gegeben sind.

Checkliste Videoanlage

- ☐ Sind Fernseher und Video funktionstüchtig?
- ☐ Lassen sich auch mitgebrachte Bänder ohne technische Einbußen abspielen?
- ☐ Sind ausreichend Videobänder vorhanden?
- ☐ Ist bei VHS-C eine Adapterkassette dabei?
- ☐ Lassen sich Aufnahmen ohne technische Probleme und Qualitätsverlust mit der Videoanlage abspielen?

Überlegen Sie bitte auch, wie Sie Ihren Unterricht gestalten können, wenn die Medien überraschenderweise doch nicht vorhanden sind oder plötzlich ausfallen.

Ein weiterer wichtiger Punkt sind die *Teilnehmerunterlagen*. Auch hier sollten Sie nichts dem Zufall überlassen.

Checkliste Teilnehmerunterlagen

- ☐ Sind alle Teilnehmerunterlagen (Skripten, Merkblätter, Arbeitsblätter) in genügender Anzahl kopiert und geheftet?
- ☐ Liegen sie im Seminarraum bereit?

Nehmen Sie an, die Teilnehmerunterlagen werden nicht rechtzeitig fertig. Spielen Sie gedanklich durch, wie Sie sich verhalten, um den Erfolg eines Seminares trotzdem sicherzustellen.

Kontrollieren Sie auch die Gruppenräume. Werfen Sie noch einmal einen Blick auf die aktuelle Teilnehmerliste und vielleicht auch auf das Programm. Hat sich etwas geändert?

Gibt es bei Ihren Seminaren Besonderheiten, auf die Sie bei der Vorbereitung achten müssen? Benötigen Sie beispielsweise Gesetzestexte oder einen Kassettenrekorder? Brauchen Sie Zugriff auf einen Computerraum? Planen Sie eine Exkursion und müssen Sie die Essenszeiten ändern?
Schreiben Sie solche Besonderheiten hier auf:

____

____

____

____

3.6 Sich inhaltlich richtig vorbereiten

Sicherheit und Flexibilität

»Gute Vorbereitung ist das halbe Werk«, so lautet ein geflügeltes Wort. Dies trifft auch und besonders auf Unterricht zu. Guter Unterricht lebt vom gründlichen Fachwissen des Dozenten, von guter Aufbereitung des Themas, von der Abstimmung auf die Teilnehmer, von Beispielen und Vergleichen sowie vom Praxisbezug. All diese Punkte gehören zu einer guten Vorbereitung. Eine gute Vorbereitung gibt Sicherheit und die notwendige Flexibilität, von der Planung abzuweichen.

Ein neues Seminar planen

Sie haben den Auftrag zu einem neuen Seminar, das Sie noch nie gegeben haben. Wie gehen Sie in einem solchen Fall vor?

Sehen wir uns als Erstes die Ausgangssituation an: In jedem Fall kennen Sie bereits das Thema. Prüfen Sie, für welche Zielgruppe das Seminar geplant ist. Beachten Sie jedoch: Oft kommen zu Seminaren ganz andere Teilnehmer als vorgesehen. Fragen Sie auf jeden Fall den Verantwortlichen für die Seminare nach seinen Erfahrungen.

Auch die Ziele und Inhalte finden sich in der Regel in der Seminarankündigung. Es ist allerdings eine andere Frage, wie gut bzw. wie genau sie beschrieben und wie gut sie sich als Planungsgrundlage für Ihre Seminare eignen. In vielen Fällen ist die Aussagekraft der Angaben zu gering.

Ziele bestimmen

Je genauer Sie die Zielgruppe bestimmen können, je mehr Informationen Sie bereits über die tatsächlichen Teilnehmer vorab erhalten können, desto genauer können Sie die Ziele festlegen. Also fragen Sie nach. Stehen die Ziele fest, können Sie mit der Auswahl der Inhalte beginnen. Zuerst heißt es, Stoff und Material zu sammeln.

Lehrbücher heranziehen

Gute Quellen sind Lehrbücher, weil in ihnen der Stoff meist schon didaktisiert – also aufbereitet – ist. Die wesentlichen Punkte und Zusammenhänge sind herausgearbeitet und die Darstellung ist meistens gut verständlich.

Skripten auswerten

Eine ähnlich gute Quelle sind Skripten und Materialien ähnlicher Seminare. Vielleicht kennen Sie einen erfahrenen Dozenten, der Ihnen seine Unterlagen überlässt. Dadurch haben Sie gleich zwei weitere Vorteile:

- Sie können ihn nach seinem Vorgehen und seinen Erfahrungen fragen.
- Möglicherweise stellt er Ihnen auch seine Lehr- und Lernmittel zur Verfügung.

Sehen Sie sich auch auf dem Buchmarkt um. Es gibt mittlerweile viele Fachbücher, die zum Selbststudium geeignet sind. Manche enthalten sogar Übungen und Lernkontrollen, ein Fundus für die Unterrichtsvorbereitung.

Selbst Seminare besuchen

Empfehlenswert ist es, ein Seminar zum gleichen Thema bei einem anderen Dozenten mitzumachen. Hier können Sie viele wertvolle Hinweise für den eigenen Unterricht sammeln. Je besser der Dozent seinen

Unterricht methodisch-didaktisch aufbereitet hat, desto mehr werden Sie als Teilnehmer davon profitieren. Versuchen Sie sich deshalb vorher zu vergewissern, ob der Dozent sein Handwerkszeug versteht.

Achten Sie bei der Literatursichtung von vornherein auf Materialien, die Sie direkt im Unterricht verwenden können, etwa:

- *Tabellen und Grafiken*
- *Comics und Bildwitze*
- *Beispiele*
- *Vergleiche*
- *Fallbeschreibungen*
- *Übersichten*

Der Nutzen verschiedener Materialien

Warum sollten Sie diese Materialien sammeln? Wozu dienen Sie im Unterricht?

- Tabellen und Grafiken dienen der Veranschaulichung.
- Comics und Bildwitze lockern den Unterricht auf.
- Beispiele aus dem Erfahrungsbereich Ihrer Zielgruppe sind eine Motivations- und Umsetzungshilfe.
- Vergleiche bieten eine Verständigungshilfe bei schwierigen Begriffen und Zusammenhängen.
- Fallbeschreibungen sind Grundlage für Anwendungsübungen.
- Übersichten dienen der Gestaltung von Zusammenfassungen und Merkblättern.

Bestehendes Material nutzen

Zu vielen Themen finden Sie auch fertiges Unterrichtsmaterial, insbesondere Foliensätze und Filme, aber auch Planspiele und Lernprogramme. Neben kommerziellen Anbietern – etwa dem GABAL-Verlag in Offenbach (hauptsächlich Foliensätze, CD-ROMs und Filme) und dem Erich Schmidt Verlag in Bielefeld (hauptsächlich Foliensätze) – gibt es (halb-) staatliche Institutionen wie das FWU in Grünwald (hauptsächlich Filme), die Landes- und Bundeszentrale für politische Bildung sowie den Sparkassen Schul-Service in allen großen Städten (hauptsächlich Planspiele und Lernprogramme). Zahlreiche Firmen und Behörden bieten Lehrmaterialien kostenlos oder gegen eine Schutzgebühr an. Fragen Sie nach.

Nach der Sichtung des Materials erfolgt die Auswahl, die Gliederung und die Gewichtung der Inhalte. Dabei sind die Ziele und die Teilnehmer bzw. Zielgruppe zu berücksichtigen.

Bleibt noch die *konkrete Unterrichtsvorbereitung*. Einen ersten wichtigen Schritt haben Sie mit der Sammlung von Grafiken, Comics, Beispielen, Vergleichen und Übersichten schon getan.

Elf Tipps für einen guten Unterricht

Nun muss aus Ihren Vorüberlegungen noch ein runder Unterricht werden. Wie Sie das schaffen, erfahren Sie in den anderen Kapiteln dieses Buches. Deshalb hier vorweg nur einige Richtlinien und Tipps, damit Sie grobe Anfängerfehler vermeiden. Eine genaue Begründung der Ratschläge finden Sie in den einzelnen Bausteinen:

1. Planen Sie Lerneinheiten von einer Dreiviertelstunde. Machen Sie danach eine kurze Pause, nach 90 Minuten dann eine längere Pause (15 bis 30 Minuten).
2. Untergliedern Sie diese Lerneinheiten zunächst in drei Abschnitte: die ersten fünf Minuten, die letzten fünf Minuten und die 35 Minuten, die dazwischenliegen.
3. Nutzen Sie die ersten fünf Minuten, um die Teilnehmer für das Thema zu interessieren und um ihnen zu sagen, welches Thema mit welchen Teilabschnitten Sie mit ihnen besprechen wollen. Eine gute Motivation erreicht man am ehesten, wenn man aufzeigt, warum der Lernstoff für den Einzelnen in seiner Situation wichtig ist.
4. Die letzten fünf Minuten sollten für eine Zusammenfassung und die Klärung von Restfragen reserviert bleiben.
5. Die mittleren 35 Minuten gehören der Stoffvermittlung. Fangen Sie mit einem Vortrag oder einem Gespräch an. Der Vortrag sollte nicht länger als zehn bis 15 Minuten dauern, das Gespräch 15 bis 20 Minuten.
6. Planen Sie für die restliche Zeit eine Übung ein. In dieser Übung soll der Teilnehmer das Gelernte anwenden und auf seine eigene Situation anwenden. Nach einem Vortrag kann dies ein Gespräch oder Einzelarbeit, Partnerarbeit oder Gruppenarbeit sein. Nach einem Gespräch sollte eine dieser Arbeitsformen zum Zug kommen. Bei Gruppenarbeit sollten Sie zwei Lerneinheiten zu 45 Minuten zusammenlegen – die Auswertung kommt sonst zu kurz.

7. Unabdingbarer Bestandteil eines Vortrags ist die Veranschaulichung. Bauen Sie passende Fälle, Beispiele und Vergleiche ein.
8. Nutzen Sie Medien. Arbeiten Sie im Vortrag mit dem Overheadprojektor (für vorbereitete Folien) und mit der Tafel oder dem Flipchart (für Aufzeichnungen im Seminar). Nutzen Sie beim Gespräch Stellwand, Tafel oder Flipchart (zur Ergebnissicherung).
9. Bringen Sie beim Vortrag die wichtigsten Begriffe und Zusammenhänge auf Folien. Dies erspart Ihnen den Stichwortzettel, und Ihre Teilnehmer profitieren ebenfalls davon.
10. Formulieren Sie beim Gespräch die wichtigsten Fragen vorher aus. Damit vermeiden Sie unklare und unscharfe Fragen (und entsprechende Antworten).
11. Das Gleiche gilt für Arbeitsaufträge bei Einzelarbeit, Partnerarbeit und Gruppenarbeit. Am besten ist ein Arbeitsblatt mit klaren Anweisungen.

Nicht immer gelingt es auf Anhieb, ein Seminar beim ersten Mal so zu gestalten, dass alle Teilnehmer und auch Sie mit dem Verlauf und mit dem Ergebnis zufrieden sind.

Rückmeldung der Teilnehmer

Deshalb ist es wichtig, sich von den Teilnehmern ein Feedback über Stärken und Schwachstellen des Seminars geben zu lassen. Bereiten Sie das Seminar in Ruhe nach und überlegen Sie, was Sie verbessern können. Fragen Sie andere, erfahrene Dozenten um Rat. Ändern Sie die Seminarkonzeption behutsam. Werfen Sie nicht gleich alles über den Haufen, wenn das Ergebnis nur mittelmäßig ist.

Eine Seminarkonzeption muss wachsen. Meist ist ein Seminar erst nach der achten oder zehnten Wiederholung so ausgereift, dass Sie damit zufrieden werden. Doch auch dann sollten Sie die Hände nicht in den Schoß legen. Suchen Sie nach weiteren Verbesserungsmöglichkeiten:

- Wie sind die Teilnehmer noch besser zu aktivieren?
- Lässt sich der Lernerfolg noch weiter steigern?
- Können Sie einen noch besseren Praxisbezug erreichen?
- Können Sie das Seminar noch stärker auf die Bedürfnisse und Vorkenntnisse der einzelnen Teilnehmer abstimmen?

Schritte bei der Planung eines Seminars

1. Thema festlegen
2. Zielgruppe definieren
3. Ziele festlegen
4. Inhalte zuordnen
5. Inhalte auswählen – Kriterien: verfügbare Zeit, Teilnehmerinteressen, unterrichtliche Umsetzbarkeit
6. Aufgliederung in überschaubare Lerneinheiten (Dauer 45 bis 90 Minuten)
7. Auswahl der Vermittlungsmethoden
8. Auswahl oder Erstellung der Lehrmaterialien (Folien, Filmausschnitte u. a.) und Lernmaterialien (Arbeitsblätter, Aufgaben, Beispielsfälle)
9. Detailüberlegungen zur Umsetzung (Aufhänger, Beispiele, Grundfragen, Zeiteinteilung)

3.7 Unterrichtsskizze erstellen

Drei Funktionen

Alle Ihre Planungen sollten in einer schriftlichen Vorbereitung münden. Diese hat meist die Form einer Unterrichtsskizze. Eine Unterrichtsskizze erfüllt drei verschiedene Funktionen:

1. Sie dient als Gedächtnisstütze.
2. Sie ist Grundlage für die Organisation der Materialien und Medien.
3. Sie hilft bei der Überprüfung des aktuellen Seminars und bei der Planung des nächsten.

Bevor Sie Unterrichtsskizzen erstellen, sollten Sie Ihren Unterricht gliedern. Jeder Unterricht besteht aus drei Bausteintypen:

Drei Typen von Bausteinen im Unterricht

Baustein: Einstieg

↓

thematische Bausteine

↓

Baustein: Abschluss

Einstieg, Thema und Abschluss

Sie müssen also überlegen,
- wie Sie den Einstieg gestalten wollen,
- welche thematischen Bausteine (zu 45 oder 90 Min.) Sie vorsehen,
- wie Sie den Abschluss gliedern wollen.

Unterrichtsskizzen können äußerlich ganz unterschiedlich aussehen. Diese Unterschiede betreffen in erster Linie die grafische Aufbereitung. Die inhaltlichen Informationen sind dagegen immer ähnlich.

Bei einer Unterrichtsskizze lassen sich zwei verschiedene Formen von Angaben unterscheiden:
1. Angaben zu den Voraussetzungen des Unterrichts
2. Angaben, die den Unterrichtsablauf beschreiben

In der Schulpädagogik wird zwischen *Bedingungsfeld* und *Entscheidungsfeld* unterschieden.

Bedingungsfeld

Zu den *Bedingungen* einer Schulung gehören:
- das Thema
- die Richtziele
- die Zielgruppe bzw. die Teilnehmer
- die Rahmenbedingungen

Entscheidungsfeld

Entscheidungen muss der Dozent treffen bei der Planung einer Unterrichtseinheit in Bezug auf:
- die Grob- und Feinlernziele
- die Inhalte
- die Methoden
- die Medien
- die Zeit, die er für einzelne Lernabschnitte einplant

Hinzufügen lässt sich noch die Art des Einstieges. Damit machen Sie sich automatisch vorher Gedanken über die wichtigsten Minuten eines Seminars.

Die Bedingungsfelder brauchen Sie nur einmal für das gesamte Seminar zu bestimmen, die Entscheidungsfelder dagegen für jeden einzelnen Baustein.

Eine ausgefüllte Unterrichtsskizze kann dann so aussehen:

Beispiele für eine Unterrichtsskizze

Thema:	Medieneinsatz im Seminar
Ziele:	Die Teilnehmer setzen Medien im Unterricht richtig ein.
Teilnehmer:	Nebenamtliche Dozenten mit geringer Schulungserfahrung
Rahmenbedingungen:	Overheadprojektor und Flipchart, Stellwände und Videorekorder vorhanden; ein Schulungsraum, 2 Gruppenräume
Einstieg:	Szenario ▶ Videobeispiele von Unterricht ohne Medieneinsatz

Grobziel	Die Teilnehmer sollen die Bedeutung einer guten Medienunterstützung erkennen und Möglichkeiten des Einsatzes kennen lernen.			
Lernabschnitt	**Inhalt**	**Methode**	**Medien**	**Zeit**
Bedeutung des Medieneinsatzes	Von den Beispielen fehlenden Medieneinsatzes zu den Vorteilen einer Medienunterstützung	Vortrag Gespräch	Video Fallbeispiele Folien	5 Min.
Vorstellung Medien	Präsentationsmedien Übersicht über ihre Funktionsweise	Vortrag	Overhead Stellwand Tafel Flipchart	5 Min.
Vor- und Nachteile	Vor- und Nachteile einzelner Medien und didaktische Kriterien	Arbeitsteilige Gruppenarbeit	Karten	15 Min.
Auswertung der Gruppenarbeit	Präsentation der Ergebnisse	Teilnehmervortrag	Stellwand	10 Min.
Einsatzmöglichkeiten	Einsatz von Medien in typischen Unterrichtssituationen	Gespräch	Stellwand	10 Min.

3.8 Zeit richtig einteilen

Unterricht kann man nicht auf die Sekunde genau planen. Sie dürfen aber auch nicht ständig überziehen. Die Teilnehmer haben ein Recht auf ihre Pausen. Ein Dozent sollte seinen Unterricht so planen, dass er mit seiner Zeit hinkommt. Wie schaffen Sie das?

Tipps für die Zeitplanung

- Fangen Sie pünktlich an, damit Ihre Zeitplanung nicht bereits am Anfang aus dem Lot gerät.
- Kommen Teilnehmer zu spät und haben sie wichtige Informationen verpasst, fassen Sie in knappen Worten die Hauptpunkte zusammen.
- Nehmen Sie Ihre Uhr mit und legen Sie sie auf den Tisch. Bitten Sie alternativ einen der Teilnehmer, auf die Zeit zu achten und Ihnen rechtzeitig zu sagen, wann die nächste Pause fällig ist. Diese Variante kann allerdings zu Unruhe bei Ihnen und den Teilnehmern führen.
- Planen Sie nicht zu knapp. Rechnen Sie 30 Prozent Zeitpuffer am Ende jeder Lerneinheit zu 45 oder 90 Minuten ein. Dann haben Sie noch genügend Zeit für Fragen, Zusatzinformationen, vielleicht mehr Zeit für Übungen und Kontrollen.
- Falls Sie überziehen müssen, bitten Sie Ihre Teilnehmer um Verständnis und um ihr Einverständnis.

Grundsätzlich gilt: Planen Sie die Zeit möglichst genau, aber handhaben Sie die Zeiteinteilung flexibel. Wenn Teilnehmer beispielsweise viele Fragen zum Thema haben, sollten Sie sie nicht »abwürgen«, nur weil die Fragen nicht in Ihre Zeitplanung passen.

Muss- und Sollthemen

Am besten gehen Sie von vornherein von einer flexiblen Inhaltsplanung aus. Teilen Sie dazu den Lernstoff in Mussthemen und Sollthemen ein. *Mussthemen* bilden das Grundgerüst des Themas. Es sind die Schlüsselinformationen, die die Teilnehmer unbedingt bekommen müssen. *Sollthemen* sind Zusatzinformationen, die für die Teilnehmer wichtig, aber nicht unverzichtbar sind.

Wenn Sie nun in einer Unterrichtseinheit beispielsweise vier Mussthemen eingeplant haben, können Sie nach jedem dieser Themen kontrollieren, wie viel Zeit noch zur Verfügung steht. Bleibt Restzeit, können Sie den Unterricht mit einem Sollthema, also mit Zusatzinformationen, anreichern.

Zur Zeitplanung gehört auch die Überprüfung Ihres Zeitansatzes. Haben Sie wiederholt festgestellt, dass Sie mit der Zeitvorgabe Probleme haben, sollten Sie Ihren Unterricht anders aufbauen oder eben den Zeitansatz verändern.

Wie gut Sie mit der Zeit zurechtkommen, ist auch eine Frage der Unterrichtsmethode. Bei welcher Methode kommt es am ehesten zu Problemen mit einer exakten Zeiteinteilung: bei einem Vortrag, einem Unterrichtsgespräch oder einer Gruppenarbeit?

Zeitprobleme je nach Methode

- Beim *Vortrag* gibt es die wenigsten Probleme, weil Sie die Fäden in der Hand halten.
- Beim *Gespräch* kann man hingegen nie genau sagen, wie schnell das Gesprächsziel erreicht sein wird.
- Auch bei der *Gruppenarbeit* lässt sich nur schwer abschätzen, wie viel Zeit dafür vorzusehen ist, weil es große Unterschiede zwischen verschiedenen Arbeitsgruppen geben kann.

3.9 Seminarmaterialien organisieren

Je mehr verschiedenartige Seminare Sie geben, desto wichtiger wird die Frage nach der Organisation der Seminarmaterialien. Bei einem gut vorbereiteten Unterricht haben Sie nicht nur Ihre Unterrichtsskizze dabei, sondern möglicherweise auch Ihre Folien, Karten für die Stellwand, vorgeschriebene Flipchart-Blätter, Arbeitsblätter, Merkblätter, Literaturauszüge, Filme, Anschauungsmaterial und anderes mehr. Wie Sie Ihre Schulungsunterlagen aufbewahren, ist Geschmackssache. Allerdings gibt es günstige und weniger günstige Formen der Organisation.

Ordnungskriterien

Es gilt, die Materialien so zu ordnen, dass Sie:

- bei der Vorbereitung des Seminars schnell die Themen heraussuchen können, die für die verfügbare Zeit, die Zielgruppe und die Rahmenbedingungen infrage kommen.
- während des Seminars schnell und flexibel auf Wünsche der Teilnehmer eingehen können.
- schnell Zusatzmaterialien und -themen zur Hand haben, wenn Sie wirklich einmal im Unterricht zu früh fertig sein sollten.
- die Materialien »nach Gebrauch« schnell wieder in die richtige Reihenfolge bringen können.

Ringordner und Sichtmappen

Welche ist bei diesen Anforderungen die beste Organisationsform? *Ringordner* schaffen zwar eine gute Ordnung, es leidet aber der schnelle Zugriff. Umorganisieren ist zeitraubend und kompliziert. Der Hauptnachteil von *Sichtmappen* ist die »Zettelwirtschaft«. Die Themen sind nicht übersichtlich anzuordnen.

Hängemappen

Bleibt die *Hängeregistratur*. Viele Dozenten arbeiten mit ihr, weil sie eine Reihe von Möglichkeiten bietet. Mit Hängemappen können Sie Ihre Seminarmaterialien zum Beispiel folgendermaßen organisieren:

- Alle Materialien zu einem Unterrichtsthema kommen in eine Hängemappe: Folien, Vorlagen für Stellwände und Flipcharts und ein Exemplar der Arbeits- und Merkblätter. Die Materialien liegen in der Reihenfolge, wie sie im Unterricht vorgesehen ist. Eingefügt sind Blätter mit Notizen für Einstiege, Übergänge usw.
- Innerhalb eines Themas (und einer Mappe) sind Zusatzthemen durch farbige Blätter besonders gekennzeichnet, damit der Dozent weiß, dass er diese Teile bei ausreichender Zeit durchnehmen kann, aber nicht muss.
- Jede Mappe hat einen Reiter mit einem weißen Schildchen, auf dem das Thema vermerkt ist. Für Teilnehmer kopierte Arbeitsblätter zum Thema, Merkblätter und Zusatzmaterialien (Literaturauszüge, Teilnehmerlisten, Bewertungsbögen u.a.) finden sich in gesonderten Mappen mit jeweils andersfarbigen Reitern.
- Die Mappen können Sie in speziellen Aktenkoffern oder Kisten zum Seminar mitnehmen. Zu Hause lassen sie sich in Hängeregistraturen oder Hängeschränken aufbewahren.

3.10 Umsetzung

1. Schreiben Sie sich alle wichtigen Punkte auf, die Sie umsetzen und ausprobieren wollen.
2. Formulieren Sie die Punkte so, dass sie möglichst konkret sind.
3. Legen Sie fest, welche Punkte Sie in welcher Reihenfolge in Angriff nehmen wollen.
4. Notieren Sie sich eine Frist.
5. Kontrollieren Sie, ob Sie den Punkt fristgerecht umgesetzt haben.

Diese Aspekte möchte ich umsetzen	Priorität	Termin	Erledigt
			☐
			☐
			☐
			☐
			☐
			☐
			☐
			☐
			☐
			☐
			☐
			☐
			☐
			☐

3.11 Fragen zum Verständnis

1. Warum ist es wichtig, auch die Dauer von Unterrichtsphasen genau zu planen?

2. Warum sollten Sie den Zeitansatz im Seminar immer wieder überprüfen?

3. Wie erreichen Sie eine flexible Seminarplanung, bei der der rote Faden erhalten bleibt?

3.12 Reflexions- und Planungsaufgabe

Erstellen Sie eine vollständige Unterrichtsskizze für einen selbst gewählten Unterrichtsausschnitt von 45 oder 90 Minuten.

Thema:

Richtziele:

Teilnehmer:

Rahmenbedingungen:

Einstieg:

Lernabschnitt	Inhalt	Methode	Medien	Zeit

4 Lernen erleichtern

Es steht außer Frage, dass die Teilnehmer ein entscheidender Faktor im Unterricht sind. Sie führen Ihre Seminare ja nicht für irgendeine unbestimmte Gruppe durch, sondern für bestimmte Erwachsene mit ihren Eigenarten und Besonderheiten – eben für Ihre Teilnehmer. Erwachsene lernen anders als Kinder und Jugendliche. Je mehr Sie über die Lernbesonderheiten Erwachsener wissen, umso erfolgreicher können Sie Ihre Methodik auf diese Besonderheiten abstimmen.

Wie Erwachsene lernen, ist für den Unterricht daher eine wichtige Frage. Sie erschweren den Teilnehmern Ihrer Seminare das Lernen, wenn Sie zentrale Lernprinzipien im Unterricht nicht beachten. Auf der anderen Seite steigt die Lernausbeute deutlich, wenn Sie diese Prinzipien berücksichtigen.

Dieses Kapitel liefert Ihnen Antworten auf Fragen wie:

- Was ist Lernen überhaupt?
- Welche Prinzipien liegen dem Lernen Erwachsener zugrunde?
- Worin unterscheiden sich Erwachsene beim Lernen von Kindern und Jugendlichen?
- Wie lassen sich diese Erkenntnisse über Lernprinzipien im Unterricht berücksichtigen?

4.1 Lernbegriff klären

Um den Begriff »Lernen« genauer zu betrachten, machen Sie bitte folgende Übung:

Bitte entscheiden Sie bei jeder der folgenden Fragen: Handelt es sich bei den einzelnen Situationen um Lernen oder nicht?

Hat das etwas mit Lernen zu tun?

1. Ein Baby lächelt zum ersten Mal. ☐ ja ☐ nein
2. Ein Autofahrer gibt Gas, als die Ampel auf Grün springt. ☐ ja ☐ nein
3. Im Zoo deutet eine Mutter auf einen Löwen und sagt zu ihrem Sohn: »Sieh mal, ein Löwe.« Das Kind sagt daraufhin zum ersten Mal selbst »Löwe«. ☐ ja ☐ nein
4. Ein Mann sieht sich aufmerksam einen Spielfilm an. ☐ ja ☐ nein
5. Eine Katze, die von einem Balkon herunterfällt, landet auf ihren vier Pfoten. ☐ ja ☐ nein

Eine typische Lernsituation ist nur Nummer 3. Das Lächeln des Babys ist angeboren, ebenfalls der Reflex der Katze. Dass der Mann an der Ampel Gas gibt, ist Gewohnheit: Er wendet einmal Gelerntes an. Bei dem Fernsehzuschauer kann man sich streiten (oder Witze darüber machen). Das Wort »aufmerksam« deutet auf eine Lernsituation hin.

Eine ganz einfache Begriffsbestimmung ist: Lernen ist eine Verhaltensänderung, die nicht angeboren ist.

4.2 Besonderheiten Erwachsener beachten

Erwachsene lernen anders als Kinder und Jugendliche. Diese Unterschiede liegen vor allem in der Art des Lernens. Über das Lernen Erwachsener gibt es in Deutschland ein bekanntes Sprichwort: *»Was Hänschen nicht lernt, lernt Hans nimmermehr.«*

Jeder lernt täglich dazu

Jeder Mensch lernt jeden Tag etwas Neues. Grundsätzlich gilt: Man kann in jedem Alter praktisch alles lernen. Deshalb stimmt das Sprichwort so nicht. Was allerdings stimmt: Die Methoden, mit denen man als Kind und Jugendlicher gelernt hat, sind für Erwachsene oft nicht wirksam. Das heißt übertragen: Hans kann alles lernen – nur nicht in derselben Art und Weise wie Hänschen. Wie viel und wie gut jemand lernt, hängt von vielen Faktoren ab: von der Motivation, den Lernerfahrungen, den Lerngewohnheiten, der Lerngeschichte und anderen Aspekten.

Um die Unterschiede beim Lernen zwischen Erwachsenen und Kindern bzw. Jugendlichen besser zu verstehen, machen Sie bitte folgendes Experiment:

Bitte lernen Sie die folgenden Zahlenreihen auswendig. Sie haben dazu zwei Minuten Zeit. Nach den zwei Minuten decken Sie bitte die Zahlen ab und wiederholen sie aus dem Gedächtnis.

33	38	27	40	45	34	47	52	41
54	59	48	61	66	55	68	73	62
75	80	69	82	87	76	89	94	83
96	101	90	103	108	97	110	115	104

Auch wenn Sie es versucht haben: Wahrscheinlich haben Sie es nicht geschafft, in dieser kurzen Zeit alle Zahlen zu lernen. Trösten Sie sich, das ist auch (fast) unmöglich. Es geht in dieser Aufgabe auch um etwas anderes: Es geht darum, typische Verhaltensweisen von Erwachsenen aufzuzeigen, wenn sie etwas lernen sollen.

Die meisten Erwachsenen reagieren auf solch eine schwierige und ziemlich sinnlose Lernaufgabe mit einer der folgenden Verhaltensweisen:

1. Sie fangen erst gar nicht an zu lernen, weil sie den Sinn des Lernens nicht einsehen. Sie sagen sich von vornherein: »Die Aufgabe ist zu schwer.«
2. Sie versuchen ein System zu finden, um sich das Lernen zu erleichtern.

Tatsächlich ist in dieser Zahlenreihe ein Prinzip versteckt:

1. Zahl plus 5
2. Zahl minus 11
3. Zahl plus 13

und wieder von vorn.

Diese beiden Verhaltensweisen sind ganz typisch für Erwachsene. Erwachsene überprüfen Lernaufgaben nach folgendem Schema:

Verhalten von Erwachsenen bei Lernaufgaben

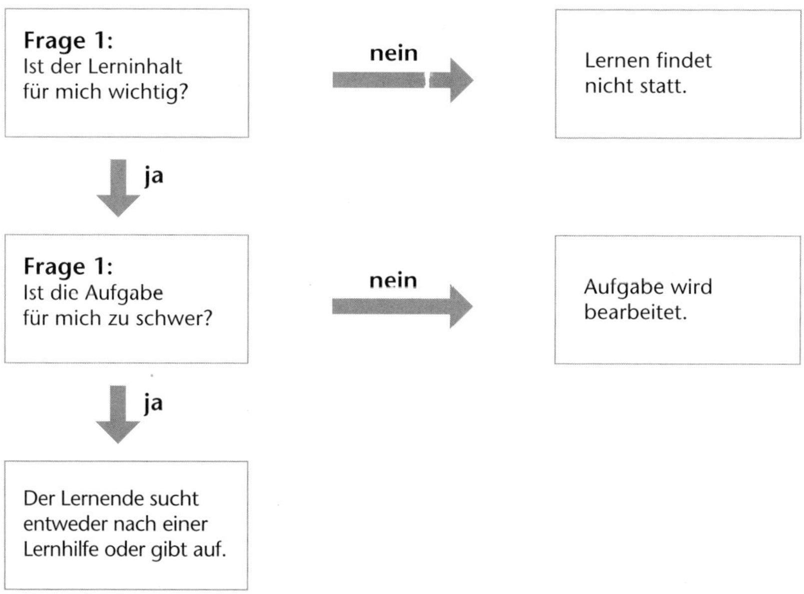

Diese typischen Verhaltensweisen wenden Erwachsene natürlich auch im Unterricht an. Als Dozent müssen Sie dies berücksichtigen.

Welchen Beruf hat Rolf Meier? Die Buchstaben auf dem Bild – in die richtige Reihenfolge gebracht – verraten es!

Haben Sie es erraten? Der Mann ist Programmierer von Beruf.

Die meisten Erwachsenen versuchen, diese Aufgabe zu lösen. Dabei ist sie für sie ebenso unwichtig wie die Zahlenkolonnen. Der Anreiz der Aufgabe ist (vergleichsweise) hoch. Der Lernende will die Aufgabe unbedingt lösen. Solche Aufgaben heißen deshalb auch nicht zu Unrecht Denksportaufgaben.

Das Denksportbeispiel zeigt, dass auch abstrakte Lernstoffe durch entsprechende Aufbereitung für den Lernenden interessant werden. Auf diese Weise wird beim Teilnehmer eine erhöhte Motivation erreicht.

Besonderheiten Erwachsener

Die Hauptunterschiede zwischen Erwachsenen und Jugendlichen oder Kindern beruhen auf einer einfachen Tatsache: Erwachsene haben mehr erlebt und haben mehr Erfahrungen. Daher ist es wichtig, beim Planen von Seminaren folgende Aspekte zu berücksichtigen:

- *Erwachsene benötigen mehr Zeit.*
  Erwachsene verfügen über einen reichen Schatz an Wissen und Erfahrungen. Dies hat aber auch Nachteile beim Lernen: Kommen neue Inhalte hinzu, muss der Lernende sie erst in die richtige »Schublade« einordnen. Das kostet Zeit.

- *Umlernen bedeutet für Erwachsene einen größeren Aufwand.*
  Erwachsene haben im Laufe ihres Lebens aufgrund vielfältiger Erfahrungen komplexe kognitive Strukturen aufgebaut. Kommen nun neue Erfahrungen hinzu, die sich nicht gleich einfügen lassen, muss der Lernende vorhandene Schemata modifizieren oder im Extremfall vollständig umorganisieren. Schwierigkeiten bei der Übertragung des gelernten Wissens entstehen häufig schon deshalb, weil gewohnte Denkmuster dem entgegenstehen – besonders bei abstrakten, unbekannten Inhalten.

  Der Lernende muss deshalb auch bereit sein, erprobte Pfade zu verlassen, vorhandenes Wissen auf dessen Aktualität hin zu prüfen und Denkroutinen infrage zu stellen. Und der Dozent muss ihm dabei helfen. Wichtig ist dieser Umstand auch für den Umgang mit (falschen) Vorstellungen und Vorurteilen. Sie erweisen sich teilweise als sehr störend für den Lernprozess und sollten deshalb möglichst früh ausgeräumt werden.

- *Erwachsene sind weniger trainiert im Lernen.*
  Die schulische und berufliche Ausbildung liegt für die meisten Erwachsenen schon Jahre oder gar Jahrzehnte zurück. Viele Erwachsene haben mehr oder weniger das systematische und organisierte Lernen selbst verlernt. Je weniger man aber im Training ist, desto größer sind die Schwierigkeiten, sich Neues anzueignen. Auch Lernen will gelernt sein: Ohne effiziente Lerntechniken und ohne Übung in diesen Techniken fällt Lernen schwerer.

- *Die Unterschiede in den Lernvoraussetzungen, den Motiven und in der Lernfähigkeit variieren bei Erwachsenen sehr stark.*
  Jeder Erwachsene hat seine eigene »Lerngeschichte«. Er hat gute oder schlechte Erfahrungen mit dem Lernen in der Schule und danach gemacht. Er ist gewohnt, ständig Neues zu lernen, oder hat sich längere Zeit fachlich nicht mehr weitergebildet; er favorisiert bestimmte Techniken, wenn er sich Lernstoff aneignet, und ist mehr oder weniger interessiert an neuem Fachwissen und am Lernen selbst. Diese Lerngeschichte ist aber nur ein – wenn auch sehr wichtiger – Faktor. Hinzu kommen die angeborenen Eigenschaften, das Lebensschicksal, all das Wissen und die Erfahrungen, die ein Erwachsener im Laufe seines bisherigen Lebens sammeln konnte.

Ein großer Unterschied von Erwachsenenlernen gegenüber dem Verhalten in der Schule ist, dass Erwachsene freiwillig an den Kursen teilnehmen. Sie können daher ein Grundinteresse voraussetzen. Doch auch hier gibt es Ausnahmen. Manch ein Teilnehmer kommt nicht aus eigenem Antrieb, sondern weil er dazu aufgefordert wurde.

Aus diesen Vorerfahrungen resultieren auch Befürchtungen in Bezug auf die Schulung – zum Beispiel die Angst, sich zu blamieren oder etwas falsch zu machen und die Furcht vor Lernschwierigkeiten.

Manche Teilnehmer haben Angst

Ungeübten Lernenden fällt die Aufnahme neuen Lernstoffs schwer. Deshalb ist die Furcht vor Lernschwierigkeiten begründet. Befürchtungen, zu »dumm« oder zu »alt« zu sein, um etwas Neues zu lernen, können sich nachteilig auf die Motivation und den Lernerfolg auswirken. Besonders negativ kann sich diese Angst auswirken, wenn die Teilnehmer bereits mit dieser Vorstellung ins Seminar kommen.

Bei Schulungen müssen Sie deshalb von der Tatsache ausgehen, dass Befürchtungen in Bezug auf die Schulung und das Lernen selbst vorhanden sind. Sie müssen Wege finden, um diese Befürchtungen abzubauen. Besonders wichtig sind positive Anfangserfahrungen im Seminar.

Lerngewohnheiten und Lernbereitschaft beachten

Die Lernfähigkeit Erwachsener ist somit kein einheitliches Phänomen. Die *Lerngewohnheiten* entscheiden, wie man lernt, die *Lernbereitschaft,* ob und was man lernen will. Auch die Motive, warum sich Erwachsene weiterbilden wollen, sind unterschiedlich: Manche sehen sich mehr oder weniger dazu gezwungen, weil Umstrukturierungen in der Dienststelle anstehen und ihr Wissen nicht mehr ausreicht, oder weil ihr Vorgesetzter ihnen nahe gelegt hat, an einem bestimmten Seminar teilzunehmen. Manche streben eine bessere Stelle an. Manche interessiert die Sache an sich sehr und sie wollen sich deshalb informieren. Andere suchen nur eine Abwechslung und freuen sich, »mal rauszukommen« und neue Bekanntschaften zu machen.

4.3 Lernprinzipien beachten

Es gibt eine Reihe von »Lerngesetzen«, die auf den (Lern-)Erfolg eines Seminars unmittelbar Einfluss nehmen. Vier besonders wichtige stellen wir Ihnen anhand der folgenden Experimente vor:

1. Wie schnell vergisst man Lernstoff?

Die erste Studie befasste sich mit der Frage, wie vergessen wird. Ziel des Versuches war es, herauszubekommen, wie schnell ein Erwachsener etwas wieder vergisst, nachdem er es einmal gelernt hat. Um das zu ermitteln, wurden Versuchspersonen gebeten, sich Lernstoff verschiedener Art einzuprägen. In regelmäßigen Abständen wurde überprüft, wie viel des Gelernten noch im Gedächtnis haftete. Das Ergebnis lässt sich grafisch folgendermaßen darstellen:

Vergessenskurve

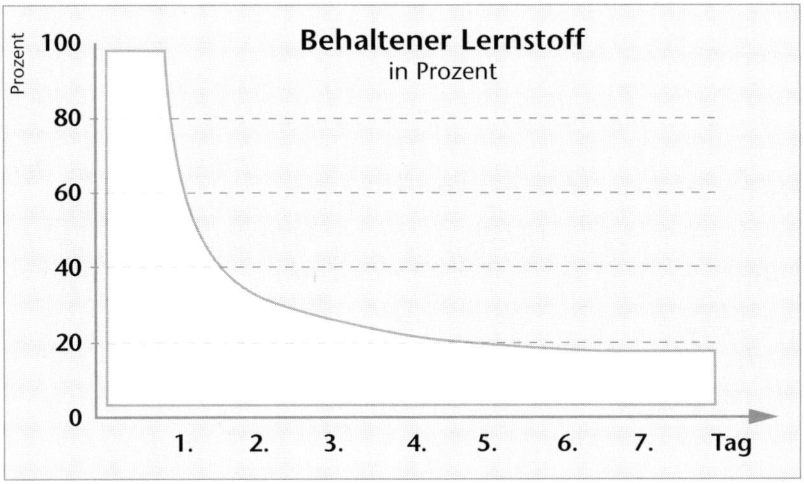

Die Grafik macht klar: Zum Lernen gehört Üben. Ansonsten ist die Lernausbeute zu gering. Außerdem sollte der Lernstoff von vornherein auf die wichtigsten Zusammenhänge beschränkt werden.

Ihren Teilnehmern wird es helfen, wenn Sie im Seminar Zwischenzusammenfassungen machen und dabei die zentralen Punkte besonders herausstellen. Sie können die Lernprozesse der Teilnehmer auf diese Weise unterstützen und dem Vergessen der vermittelten Inhalte entgegenwirken.

2. Lernen ältere Menschen schlechter?

Bei diesem Versuch ging es darum, herauszubekommen, welche Unterschiede beim Lernen zwischen Erwachsenen verschiedenen Alters bestehen.

Die folgenden Grafiken visualisieren das Ergebnis:

Lerndauer in Abhängigkeit vom Alter

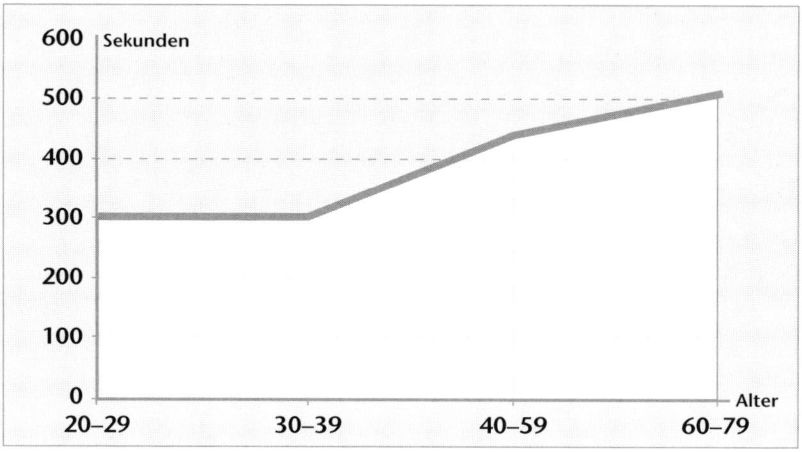

Die Teilnehmer am Experiment sollten sich Lernstoff aneignen und konnten selbst angeben, wann sie der Meinung waren, den Stoff gelernt zu haben.

In einem zweiten Experiment wurde überprüft, wie viel des Gelernten die Teilnehmer behalten hatten. Das Ergebnis:

Fehlerquote in Abhängigkeit vom Alter

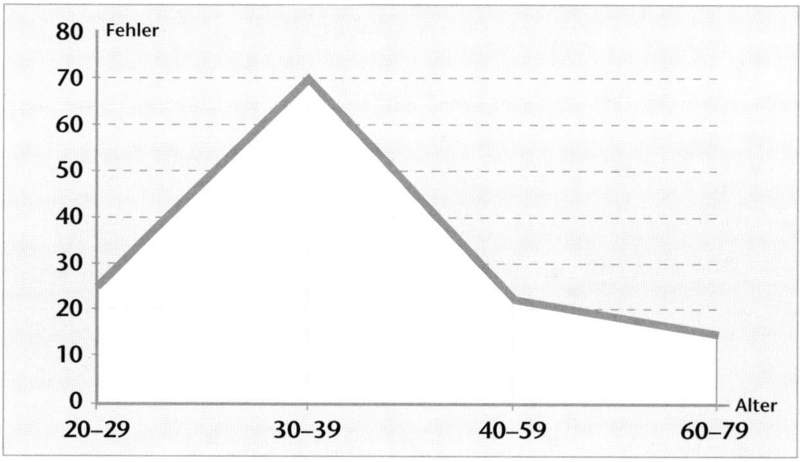

Ältere Menschen lernen nicht schlechter. Sie brauchen nur mehr Zeit, und das ist kein Wunder. Sie haben in ihrem Leben mehr Erfahrungen gesammelt. Die Einbettung neuen Lernstoffs dauert daher länger. Außerdem neigen viele Ältere dazu, genauer zu lernen – mit entsprechend guten Ergebnissen.

Die Unterschiede rühren auch daher, dass bei jungen Leuten die Schulzeit noch nicht so lange zurückliegt. Sie sind gewohnt, einem Lehrer zuzuhören und dabei zu lernen. Für Teilnehmer, die zehn, zwanzig oder dreißig Jahre nicht mehr die Schulbank gedrückt haben, ist dies eine ungewohnte Situation. Die Lernschwierigkeiten im Seminar sollte man nicht unterschätzen. Als Dozent müssen Sie älteren Teilnehmern ausreichend Zeit zum Lernen und Üben geben. Die Kunst besteht darin, den Stoff so zu vermitteln, dass auch junge und lerngewohnte Teilnehmer sich nicht langweilen und von der gründlichen Erarbeitung des Stoffs ebenfalls profitieren.

3. Wann ist die Leistungsfähigkeit im Laufe des Tages am besten?

Das Ziel des Versuches bestand darin, herauszubekommen, zu welcher Tageszeit Erwachsene am besten lernen können. Das Ergebnis wird in der Grafik dargestellt:

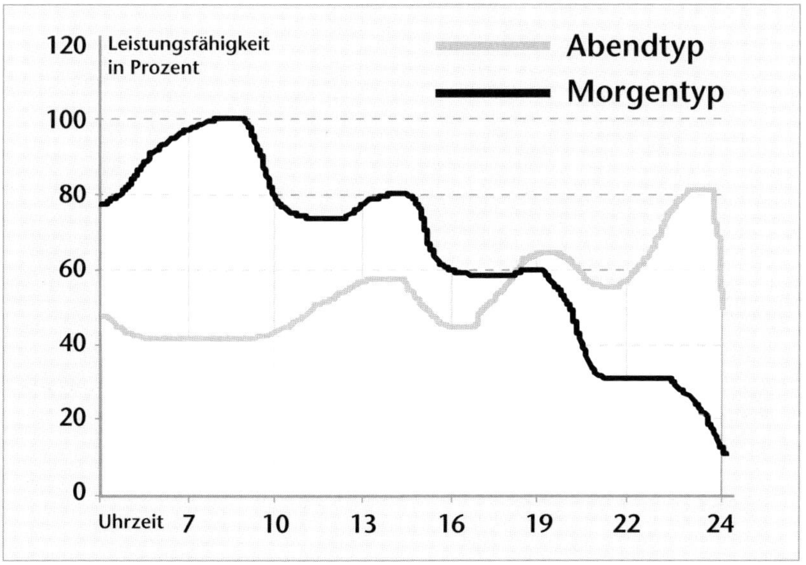

Leistungsfähigkeit abhängig von der Tageszeit

Es gibt zwei unterschiedliche Lerntypen mit unterschiedlichen Leistungskurven: den Morgentyp und den Abendtyp. Legen Sie neue, schwierige Lerninhalte auf die Zeit zwischen zehn und zwölf Uhr. Dann ist die Leistungsfähigkeit beider Gruppe ausreichend gut.

4. Wie lange können sich Erwachsene konzentrieren?

Ziel dieses Versuches war es, herauszubekommen, wie lange sich ein Erwachsener konzentrieren kann. Die Grafik visualisiert die Untersuchungsergebnisse:

Konzentrationskurve

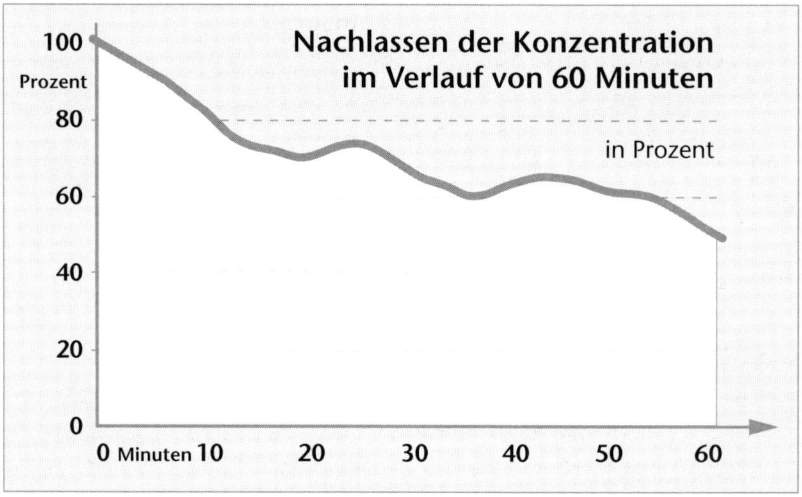

Das Versuchsergebnis zeigt deutlich: Die volle Aufmerksamkeit der Teilnehmer steht Ihnen im Unterricht nur zehn bis 15 Minuten zur Verfügung. In dieser Zeit müssen Sie in ein neues Thema eingeführt und die wichtigsten Zusammenhänge vermittelt haben. Die restliche Zeit sollte für Gespräche, Übungen und Kontrollen reserviert werden.

Bauen Sie spätestens nach 45 Minuten eine kurze Pause ein. Von diesem Schema sollten Sie mit gutem Gewissen nur abweichen, wenn Sie einen sehr teilnehmerorientierten Unterricht – etwa Gruppenarbeit – durchführen.

4.4 Erkenntnisse im Unterricht berücksichtigen

Nutzen Sie die Erkenntnisse, um Ihren Teilnehmern das Lernen zu erleichtern. Folgende Möglichkeiten bieten sich an.

Lernstoff strukturieren helfen

Überblick geben

Der Lernende sollte immer den Überblick über den Stoff und seine Struktur behalten, um sich nicht in einem zusammenhanglosen Begriffswirrwarr oder diffusen Handlungsfolgen zu verlieren. Ohne ein solches Strukturwissen kann der Lernende die Fülle an Faktenwissen nicht einordnen. Ein solcher Überblick sollte immer am Anfang einer Lerneinheit stehen. So geben Sie den Lernenden ein Raster vor, in das sie später Detailinformationen einordnen können. Dieses Prinzip meint nicht nur eine Vorstrukturierung: Der Lernstoff muss analog dieser Vorgabe erarbeitet werden. Außerdem sollten Sie zusätzlich immer wieder entsprechende Bezüge herstellen.

Gliederung sichtbar machen

Am besten halten Sie die Gliederung einer Veranstaltung auf einem Papierbogen fest und hängen den Bogen an die Wand. So können Sie immer wieder Bezug darauf nehmen und den Teilnehmern zeigen, wo Sie gerade »stehen«. Von der richtigen Gliederung hängt es ab, ob der Lernende Einzelinformationen richtig versteht und einordnet sowie gleichzeitig die Übersicht behält. Der Lernstoff muss in einem nachvollziehbaren, sinnvollen und durchsichtigen Zusammenhang stehen, in leicht fassbare Schritte unterteilt sein und in sinnvollen Blöcken gelernt werden. Hilfen bei der Strukturierung sind:

- die Bildung von Ordnungen, Klassen, Hierarchien
- das Herausarbeiten von Strukturen
- das Finden von Oberbegriffen und Ordnungskriterien

Zusammenfassen

Zu der Strukturierung gehören auch Zusammenfassungen: Sie sollten am Ende eines Lernabschnittes oder/und am Anfang des nächsten Lernabschnittes – möglichst durch die Teilnehmer selbst – erfolgen.

Gemeinsames Erarbeiten in der Gruppe kann die Strukturierung und damit das Lernen unterstützen.

Lernstoff anschaulich machen

Inhalte visualisieren

Die Veranschaulichung steht mit der Strukturierung in einem engen Zusammenhang. Bei abstrakten Inhalten muss der Lernende versuchen, sich die Inhalte durch Beispiele und Vergleiche, durch Bilder, Grafiken, Übersichten, Filme u.a. zu veranschaulichen. Der Dozent sollte dies soweit wie möglich unterstützen. Ein Modell, das von Hand zu Hand geht, ist in diesem Zusammenhang wertvoller als eine Grafik, eine Demonstration ist wirksamer als ein reiner Vortrag.

Der Veranschaulichung dienen alle Möglichkeiten der Visualisierung. Dies ist eine unabdingbare Notwendigkeit bei allen dozentenorientierten Lehrformen, vor allem beim Vortragen.

Fachbegriffe erklären oder vermeiden

Wer unerfahrene Lernende mit einer Fülle abstrakter Fachbegriffe überfordert, bewirkt das Gegenteil von Anschaulichkeit. Ein Fachmann vergisst leicht, dass ein einem selbst geläufiger Ausdruck für Anfänger unverständlich sein kann. Es gibt wichtige und unwichtige Fachbegriffe; es gibt Begriffe, die vermeidbar sind, weil es brauchbare deutsche Entsprechungen gibt; und es gibt Begriffe, deren Kenntnis den Lernprozess eher hindert als fördert.

Strukturierung und *Veranschaulichung* des Lernstoffes sind die zwei Hauptforderungen für ein erwachsenengerechtes Lernen und eine entsprechende Kursgestaltung bei Schulungen. Es gibt allerdings noch eine Reihe anderer Möglichkeiten, das Lernen zu erleichtern und den Lernerfolg zu sichern. Sie betreffen die aktive Auseinandersetzung mit dem Lernstoff, die Förderung des Verständnisses und des Transfers sowie die Schaffung einer lernfördernden Atmosphäre.

Lernen fördern statt belehren

Teilnehmer aktivieren

Je aktiver die Teilnehmer einer Lehrveranstaltung sind, desto besser. Mittel, Teilnehmer aktiv am Unterrichtsprozess zu beteiligen, sind:

- die selbstständige Bearbeitung von Problemen
- die Übertragung von Aufgaben
- der Einsatz von teilnehmerorientierten Methoden wie Gruppenarbeit, Partnerarbeit und Einzelarbeit
- die Möglichkeit zu diskutieren

Den ganzen Menschen einbeziehen

Lernen heißt: auf verschiedene Weise aktiv und tätig zu werden. Dazu gehört auch, dass nicht nur das Denken gefordert wird. Kopf, Herz und Hand, Denken, Fühlen und Handeln sollen möglichst oft beteiligt sein. Je selbstständiger sich ein Lernender den Lernstoff erarbeitet und eine Lösung findet, desto besser wird der Stoff in seinem Gedächtnis haften bleiben.

Genug Zeit geben

Wer selbstständig arbeiten soll, braucht dazu Zeit – Zeit zum Überlegen, zum Ausprobieren und zum Meinungsaustausch mit anderen. Je größer das geforderte Lerntempo, desto schlechter ist deshalb auch die Lernleistung. Dies trifft besonders auf ältere Erwachsene zu. Dafür nimmt aber auch die Fehlerhäufigkeit ab. Das sind bekannte und wichtige Ergebnisse der Lernforschung. Planen Sie daher stets genügend Zeit ein.

Inhalte mit Bekanntem verknüpfen

Beispiele und Analogien

Lernen wird vereinfacht, wenn man neue Inhalte mit Bekanntem verknüpft. Grundsätzlich sollte ein Lernender immer versuchen, Beispiele und Vergleiche aus seinem Alltag zu finden, um ungewohnte oder komplexe Zusammenhänge besser zu verstehen.

Diese Beispiele und Vergleiche müssen aber bis ins Detail stimmen, sonst können Lernschwierigkeiten die Folge sein. Dies zu prüfen, kann Bestandteil des Lernprozesses selbst sein.

Der Dozent sollte diese Verzahnung von Neuem und Bekanntem unterstützen. Er sollte bei Erläuterungen möglichst häufig auf Analogien zurückgreifen, nachdem sie einmal eingeführt sind.

Übertragungen fördern und Transferschwierigkeiten auffangen

Erwachsene interessieren sich vor allem für Inhalte, die »alltagstauglich« sind, die ihnen nützen und die sich kurzfristig umsetzen lassen. Allerdings muss auch genügend Zeit sein, solche alltagstaugliche Anwendungen selbst auszuprobieren und einzuüben.

Übungen einplanen

Ohne Übung kein Lernerfolg. So wichtig dieser Satz ist, so oft wird er vernachlässigt. Dies liegt wohl vor allem daran, dass es nicht ganz einfach ist, Übungsformen zu entwickeln, die Erwachsene ansprechen, sich harmonisch in den Lernprozess einfügen und nicht an langweilige Schulstunden erinnern. Übungen brauchen Zeit. Ausreichende Zeit für Übungen einzuplanen, ist ein Muss jeder Schulung. Beide Komponenten – die Übung und die Möglichkeit zur Übertragung – geben dem Lernenden die notwendige Sicherheit.

Kontakt über das Seminar hinaus

Auch die beste Schulung kann nicht verhindern, dass der Lernende nicht alles Gelernte sofort anwenden kann. Die Möglichkeiten eines Dozenten, über die Schulung hinaus zu helfen, Transferprobleme auszuräumen und in einem ständigen Dialog mit den Teilnehmern zu bleiben, sind gering. Ausnahmen sind hausinterne Schulungen. Gerade deshalb sollten alle Möglichkeiten genutzt werden. Zu diesen Möglichkeiten zählen Nachfolgeseminare, ein Erfahrungsaustausch einige Wochen oder Monate nach dem Seminar oder die Initiierung des Kontakts zwischen Teilnehmern über das Seminar hinaus.

Vielleicht kann der Dozent den einen oder anderen Teilnehmer auch einmal an seinem Arbeitsplatz aufsuchen. Nicht nur der ehemalige Teilnehmer kann davon profitieren, auch der Dozent erhält Anregungen für seine Seminararbeit.

Lernhemmnisse abbauen

Dozent als Lernhelfer

Lernen ist ein komplizierter Vorgang. Eigenständiges Lernen kann mühevoll sein. Manchmal sind mehrere Anläufe nötig, um zu einer Lösung zu gelangen. Der Dozent muss sich deshalb als Lernhelfer verstehen, der bei Lernproblemen zur Verfügung steht.

Furcht hemmt Lernen. Der Dozent muss dem Lernenden helfen, unbegründete Befürchtungen abzubauen – und zwar in zweifacher Hinsicht:

1. Befürchtungen bezüglich des neuen Stoffgebietes und
2. Befürchtungen bezüglich möglicher Lernschwierigkeiten.

Mit Befürchtungen ist grundsätzlich immer zu rechnen. Deshalb sind auch immer Maßnahmen erforderlich, diese unbegründeten Befürchtungen aufzufangen. Wirklich begründete Befürchtungen sollten nicht unter den Tisch fallen: Sie gehören zum Unterricht und sollten besprochen werden. Dies ist zwar ein schwieriges Unterfangen, dennoch kann der Dozent einiges tun. Er kann für eine entspannte Lernatmosphäre ohne Erfolgsdruck und Furcht vor Misserfolgen sorgen; er kann gemeinsam mit den Teilnehmern Befürchtungen bewusst aufgreifen, etwa indem er von eigenen Schwierigkeiten berichtet. Solche Befürchtungen sollten auf ihren Realitätsgehalt hin überprüft werden.

Ängste abbauen

Der Dozent kann darüber hinaus alles tun, um den Teilnehmern positive Lernerfahrungen zu ermöglichen. Er sollte das notwendige Wissen vermitteln, denn Wissen schützt vor Vorurteilen und Befürchtungen. Gerade am Anfang eines Seminars dürfen Teilnehmer deshalb nicht überfordert werden. Einfache, praxisrelevante Beispiele und ein behutsamer Einstieg helfen dies zu verhindern.

Lerntechniken und Aneignungsstrategien vermitteln

Die Teilnehmer sollen in Kursen die Fähigkeit erwerben, selbstständig weiterzulernen, Aneignungsstrategien zu entwickeln und anwenden zu lernen. Nur so kann sichergestellt werden, dass der Lernende in Zukunft immer weniger auf fremde (Lern-)Hilfe angewiesen ist.

Zum selbstständigen Lernen befähigen

Je besser die Teilnehmer Hilfsmittel wie Bücher, Übersichten, Karteien u. a. zu nutzen gelernt haben, desto leichter wird ihnen die Umsetzung des Gelernten fallen, und desto weniger Schwierigkeiten werden sie nach dem Seminar haben. Der Dozent kann helfen, indem er den Teilnehmern zeigt, wie man mit solchen Hilfsmitteln effektiv umgeht.

Überforderung vermeiden

Die Konzentrationsfähigkeit ist beim Menschen beschränkt. Bereits nach 15 Minuten nimmt sie deutlich ab. Deshalb sind Pausen ein wichtiger Baustein im Seminarverlauf. Spätestens nach 20 bis 30 Minuten ist

Pausen einplanen

eine kurze Pause sinnvoll, nach 45 Minuten ist sie unumgänglich. Spätestens nach eineinhalb bis zwei Stunden sollte eine größere Pause von mindestens 15 bis 20 Minuten Dauer eingeschoben werden. Schließlich ist nach drei bis maximal vier Stunden Lernzeit eine Pause von einer Stunde und mehr vorzusehen.

Pausen sollten sich möglichst immer an inhaltlichen Einschnitten orientieren. Jeder Mensch hat eine innere Uhr. Sie bestimmt, ob man leistungsbereit und aufnahmefähig ist oder nicht. Die größte Leistungsbereitschaft besteht bei den meisten Menschen in den Vormittagsstunden, gegen Nachmittag fällt die Kurve ab. Darauf müssen Sie im Seminar Rücksicht nehmen. Die Leistungskurve zeigt aber auch, dass Abendkurse von der Seite der Leistungsbereitschaft her bei vielen Teilnehmern keine Probleme aufwerfen.

Möglichkeiten der Differenzierung und Individualisierung nutzen

Auf den Einzelnen eingehen

In Gruppen differieren die Vorerfahrungen, das Lerntempo und der Lernstil erfahrungsgemäß stark. Um sicherzustellen, dass alle Teilnehmer den Lernstoff verstanden haben und das neue Wissen anwenden können, ist der Kursverlauf so weit wie möglich den Bedürfnissen der einzelnen Lernenden anzupassen.
Möglichkeiten der Differenzierung und Individualisierung sind etwa:

- unterschiedlich schwierige Aufgabenstellungen
- Zusatzaufgaben für »schnelle« Lernende
- Zusatzmaterialien, um den Lernerfolg abzusichern

Wenn möglich, planen Sie auch Zeit für Einzelgespräche ein. Die Liste der Maßnahmen zur Verbesserung des Lernerfolges ist lang, und kaum ein Dozent wird alle Punkte jederzeit im Kopf haben. Dennoch hängt von der Beachtung dieser Gesichtspunkte der Lernerfolg der Teilnehmer in hohem Maße ab.

- *Bieten Sie den Lernstoff strukturiert dar.*
  Geben Sie zu Beginn eine Übersicht, machen Sie Lernabschnitte deutlich und geben Sie am Ende eine Zusammenfassung.

- *Präsentieren Sie den Lernstoff anschaulich.*
  Führen Sie Beispiele an, ziehen Sie Vergleiche heran, legen Sie einen Fall oder eine bestimmte Situation zugrunde, veranschaulichen Sie.

- *Lassen Sie den Teilnehmern ausreichend Zeit zum Lernen.*
  Gehen Sie langsam genug vor, wiederholen Sie regelmäßig, planen Sie vor allem genügend Zeit für Übungen ein.

- *Aktivieren Sie die Teilnehmer.*
  Fragen Sie, lassen Sie möglichst viel selbst erarbeiten.

- *Lassen Sie die Teilnehmer Lösungen selbst finden.*
  Stellen Sie Probleme aus dem Alltag der Teilnehmer in den Mittelpunkt und lassen Sie sie selbst nach Problemlösungen suchen.

- *Verknüpfen Sie neue Inhalte mit Bekanntem.*
  Holen Sie die Teilnehmer dort ab, wo sie stehen: bei ihren Erfahrungen und ihrem Berufsalltag.

- *Fördern Sie die Übertragung des Gelernten.*
  Stellen Sie möglichst oft den Bezug zum (Berufs-)Alltag der Teilnehmer her, machen Sie die Bedeutung des Lernstoffs für den Alltag deutlich.

- *Schaffen Sie ein gutes Lernklima.*
  Fördern Sie den Kontakt untereinander und das Kennenlernen – im Seminar und möglichst auch außerhalb des Seminars.

- *Vermeiden Sie Unter- und Überforderung.*
  Arbeiten Sie häufig mit Partner- und Gruppenarbeit. Nutzen Sie die Möglichkeit, bei Bedarf die Teilnehmer in Leistungsgruppen zusammenzufassen oder bewusst leistungsgemischte Gruppen zusammenzustellen. Halten Sie Zusatzaufgaben bereit. Bitten Sie gute Teilnehmer, anderen zu helfen.

4.5 Umsetzung

1. Schreiben Sie sich alle wichtigen Punkte auf, die Sie umsetzen und ausprobieren wollen.
2. Formulieren Sie die Punkte so, dass sie möglichst konkret sind.
3. Legen Sie fest, welche Punkte Sie in welcher Reihenfolge in Angriff nehmen wollen.
4. Notieren Sie sich eine Frist.
5. Kontrollieren Sie, ob Sie den Punkt fristgerecht umgesetzt haben.

Diese Aspekte möchte ich umsetzen	Priorität	Termin	Erledigt
			☐
			☐
			☐
			☐
			☐
			☐
			☐
			☐
			☐
			☐
			☐
			☐
			☐
			☐

4.6 Fragen zum Verständnis

1. Worin unterscheidet sich das Lernen Erwachsener vom Lernen Jugendlicher? Nennen Sie bitte die drei wichtigsten Unterschiede. Begründen Sie Ihre Meinung.

2. Man könnte die These aufstellen, dass viele Erwachsene erst das Lernen selbst wieder lernen müssen. Wie stehen Sie zu dieser These? Begründen Sie Ihre Meinung.

3. Was sollte man im Unterricht vermeiden, um erwachsenen Teilnehmern das Lernen nicht unnötig zu erschweren?

4.7 Reflexions- und Planungsaufgabe

Bitte nehmen Sie sich einen Baustein Ihres Unterrichts vor.

1. Skizzieren Sie kurz Ihre Vorgehensweise.
2. Versuchen Sie zu beschreiben, warum das von Ihnen geplante Vorgehen das Lernen Ihrer Teilnehmer unterstützt.
3. Welche Lernprinzipien kommen hier zum Tragen?

5 Lernausbeute verbessern

Lernen und Informationsverarbeitung gehören eng zusammen. Genauer: Ohne die richtige Aufnahme und Speicherung von Informationen wird das Lernen stark behindert. Die Verarbeitung von Informationen unterliegt wie das Lernen bestimmten Prinzipien. Diese Prinzipien sollten Sie kennen, denn aus ihnen lassen sich wieder Leitlinien für einen lern- und teilnehmerorientierten Unterricht ableiten.

Dieses Kapitel liefert Ihnen Antworten auf Fragen wie:

- Wie erfolgt die Aufnahme von Informationen?
- Wie kann ich die Aufnahme von Informationen fördern?
- Wie werden Informationen im Gedächtnis gespeichert?
- Wie kann ich das Speichern von Informationen unterstützen?

5.1 Aufnahme von Informationen beachten

Was ein Teilnehmer lernt und wie gut er lernt, hängt in entscheidendem Maße davon ab, wie er Informationen aufnimmt und verarbeitet. Hier spielen Gewohnheiten eine große Rolle. Doch trotz aller individuellen Unterschiede unterliegt die Verarbeitung und Speicherung von Informationen bei allen Menschen gleichen Prinzipien. Wer diese Prinzipien kennt und nutzt, kann als Dozent den Teilnehmern das Lernen deutlich erleichtern.

Auge und Ohr

Zuerst erfolgt die Informationsaufnahme über die Sinnesorgane, hauptsächlich über Auge und Ohr, aber auch über die anderen Sinneskanäle. Dabei ist das Auge das leistungsfähigste Organ: Es kann zehnmal so viele Informationen aufnehmen wie das Ohr. Danach erreichen die Informationen den Ultrakurzzeitspeicher. Bereits hier wird der allergrößte Teil der Informationen ausgefiltert. Dabei handelt es sich um jene Informationen, die für Sie im Moment nicht wichtig sind. Die nächste Hürde ist der Kurzzeitspeicher. Erst danach gelangen die restlichen Informationen ins Langzeitgedächtnis.

Speicherdauer

Die *Speicherdauer* beträgt dabei:

- im Ultrakurzzeitspeicher: einige Sekunden
- im Kurzzeitspeicher: einige Minuten
- im Langzeitgedächtnis: unbegrenzt

Sind die Informationen erst einmal im Langzeitgedächtnis, werden sie nicht mehr vergessen. Sie werden bestenfalls »verlegt«, d.h., man findet keinen Zugang mehr zu ihnen. Wichtig für den Unterricht ist nun die Frage, warum einige Informationen gespeichert werden, andere aber nicht.

Für das Speichern von Informationen gibt es drei Bedingungen:

Bedingung 1: Aufmerksamkeit

1. Die Informationen müssen bewusst wahrgenommen werden. Der Mensch muss ihnen seine *Aufmerksamkeit* widmen. Dieses Prinzip können Sie selbst leicht überprüfen. Horchen Sie einmal auf all die Geräusche, die Sie gerade umgeben: Stimmen, Autos, Flugzeuge, Wind, Vögel usw. Alle diese Geräusche haben Sie vorher nicht bewusst wahrgenommen. Die Aufmerksamkeit fehlte. Die Aufmerksamkeit und damit die Informationsaufnahme leidet, wenn Teil-

nehmer müde sind, sich nicht mehr konzentrieren können. Daher sind regelmäßige Pausen im Seminar besonders wichtig.

Bedingung 2: Auseinandersetzung

2. Die zweite Bedingung ist das Maß der *Auseinandersetzung* mit der Information. Je mehr sich jemand gedanklich mit einer Information beschäftigt, desto eher wird sie Eingang in sein Gedächtnis finden.

Bedingung 3: Assoziationen

3. Die erste und zweite Bedingung stehen in enger Beziehung zum dritten Faktor, der wahrscheinlich der wichtigste überhaupt ist: die *Zahl der Assoziationen*. Das Gehirn kann Informationen nur sehr schwer speichern, wenn es sie nicht mit bereits vorhandenen Gedächtnisinhalten verknüpfen kann. Je mehr Assoziationen vorhanden sind – oder im Unterricht geschaffen werden – desto leichter gelingt die Speicherung. Informationen sind im Gehirn nicht wahllos abgelegt, sondern es werden Beziehungen zwischen verschiedenen Informationen hergestellt, d. h. Schemata aufgebaut. Diese Schemata wiederum steuern die Aufmerksamkeit und bewerten gleichzeitig neue Informationen hinsichtlich ihrer Brauchbarkeit.

- Ohne Assoziationen keine Aufmerksamkeit.
- Ohne Aufmerksamkeit keine Beschäftigung.
- Ohne Beschäftigung keine Speicherung.

5.2 Aufnahme von Informationen fördern

Voraussetzung 1: Motivation

Wie können Sie Teilnehmer dabei unterstützen, den Lernstoff aufmerksam und damit leicht aufzunehmen? Aufmerksamkeit steht in engem Zusammenhang mit der Motivation. Wer motiviert ist, ist auch aufmerksam. Ohne Motivation läuft das Lernen langsamer und schwerfälliger ab, die Lernleistung verringert sich, das Lernen wird oberflächlicher und flüchtiger. Deshalb ist die erste Voraussetzung für das Schaffen von Aufmerksamkeit eine gute Motivation.

Voraussetzung 2: positive Gefühle

Aufmerksamkeit hat auch eine emotionale Dimension. Inhalte, die das Gefühl ansprechen, haften besonders gut im Gedächtnis. Ist keine gute emotionale Basis im Seminar und beim Teilnehmer vorhanden (Stichwörter: Klima, Ängste), leidet die Aufmerksamkeit für den Lernstoff.

Die Verarbeitung von Informationen wird dann besonders erfolgreich verlaufen, wenn der Lernende sich in der Zeit, in der sich die Informationen im Kurzzeitspeicher befinden, mit ihnen möglichst intensiv auseinander setzt. Und zwar nicht nur mit der einzelnen Information, sondern mit den verschiedenen zusammengehörigen Informationen und ihren Beziehungen zueinander.

Was der Dozent tun kann

Als Dozent haben Sie eine ganze Reihe von Möglichkeiten der Unterstützung. Sie können:

- »Informationseinheiten« bilden, die überschaubar und gut strukturiert sind.
- Einzelinformationen gut miteinander verknüpfen, d.h. Strukturen, Zusammenhänge und Gegensätze aufzeigen.
- Zusatzinformationen bereitstellen, um wichtige Informationen zu »unterfüttern«. Diese Zusatzinformationen können ruhig wieder vergessen werden.
- zeigen, welche Informationen wichtig sind und welche nicht.
- veranschaulichen und dafür sorgen, dass Informationen an mehreren Stellen im Gehirn verankert werden.

Es ist wichtig, dass Sie dafür sorgen, dass sich die Teilnehmer auf unterschiedliche Weise aktiv mit dem Stoff auseinander setzen. Beispielsweise indem sie

- darüber reden
- Wichtiges aufschreiben
- zusammenfassen
- Informationen ordnen
- Überschriften suchen
- Zusammenhänge grafisch darstellen
- wiederholen und weitererzählen
- noch mal nachlesen
- mit anderen Informationen vergleichen
- die Informationen anwenden
- mit eigenen Erfahrungen vergleichen
- die Brauchbarkeit für ihren Alltag überprüfen

Je intensiver die Auseinandersetzung erfolgt, desto wahrscheinlicher ist der Lernerfolg. Versuchen Sie Ihren Unterricht so zu organisieren, dass immer nur eine bestimmte überschaubare Anzahl an Informationen im Mittelpunkt des Unterrichts steht. Diese Informationen werden sozusagen mit dem Scheinwerfer der Aufmerksamkeit angestrahlt.

Vier Schritte

Bei der Vermittlung und Erarbeitung solcher Informationseinheiten ist eine bestimmte Vorgehensweise ratsam:

1. Schaffen Sie immer zuerst eine Anknüpfung an die vorherigen Themen.
2. Geben Sie den Teilnehmern die Möglichkeit, sich aktiv und intensiv mit dem Stoff auseinander zu setzen.
3. Stellen Sie die wichtigsten Punkte heraus und fassen Sie zusammen.
4. Leiten Sie zum nächsten Punkt über.

Ist eine Folge von mehreren thematisch zusammengehörigen Einheiten abgeschlossen, geben Sie eine Gesamtzusammenfassung und stellen Sie die zentralen Begriffe und Strukturen heraus.

5.3 Speicherung von Informationen beachten

Dieses Kapitel beginnt mit einer kleinen Übung: Schreiben Sie in Stichworten *alles* auf, was Ihnen beim Begriff *Gehirn* in den Sinn kommt.

Assoziierte Begriffe

Was Sie gerade gemacht haben, ist eine Assoziationsübung. Sehen wir uns diese Assoziationen genauer an: Wenn man einen Begriff hört – wie zum Beispiel »Gehirn« –, fällt einem ganz Unterschiedliches ein. Meist sind es *andere Begriffe:* Denken, Geist, Vergessen oder Gehirnhälften. Oder *Zusammenhänge* und *Erlebnisse* – etwa wenn jemand einmal eine Gehirnerschütterung hatte.

Assoziierte Bilder und Gefühle

Möglich sind auch *Bilder* – wenn man sich etwa den Unfall vergegenwärtigt, der zur Gehirnerschütterung führte, oder *Gefühle* – etwa der Ekel –, wenn man als Kind »Hirn« als Gericht auf dem Mittagstisch fand. Denkbar sind *Geschmack*seindrücke – zum Beispiel wieder im Zusammenhang mit dem Mittagessen »Hirn«.

Welche Erkenntnisse lassen sich über das System der Informationsablage im Gehirn aus der Assoziationsübung ableiten? Die Informationen in unserem Gedächtnis sind in Form von Netzwerken gespeichert. Physiologisch gesehen besteht das menschliche Gehirn aus etwa 14 Milliarden Nervenzellen, den Trägern der Informationen. Diese Nervenzellen sind über Nervenenden miteinander verbunden, jede Zelle ungefähr zehntausendmal mit anderen Zellen. Von einem »Ausgangspunkt« – etwa dem Begriff »Gehirn« – sind somit Tausende von Gedankenverbindungen möglich – je nachdem, wie wichtig der Begriff für Sie ist und welche Erfahrungen Sie damit gemacht haben. Lernen ist also nichts anderes als die dauerhafte Verknüpfung neuer Informationen mit gespeicherten Informationen.

Aktives und passives Wissen

Einen Stoff im Gedächtnis verankern und ihn schnell wieder abrufen zu können, sind zwei verschiedene Dinge. Deshalb gibt es die Unterscheidung zwischen *aktivem* und *passivem* Wissen. Auch diese Unterscheidung können Sie mit einem Experiment leicht selbst überprüfen.

Bitte schreiben Sie alle deutschen Dichter des 18. und 19. Jahrhunderts auf, die Sie kennen.

Wie viele sind es geworden? Den meisten Menschen fallen maximal zwei oder drei ein. Jetzt gehen Sie einmal die folgende Liste mit den Dichtern durch. Eine ganze Reihe von ihnen werden Sie kennen. Vermutlich sind es viel mehr, als Sie selbst benennen konnten.

Annette von Droste-Hülshoff
Theodor Storm
Gottfried Keller
Konrad Ferdinand Meyer
Theodor Fontane
Gustav Freytag
Hoffmann von Fallersleben
Gerhart Hauptmann
Ludwig Ganghofer
Heinrich von Kleist
Joseph Freiherr v. Eichendorff
Gotthold Ephraim Lessing
Johann Gottfried Herder
Ernst Moritz Arndt
Achim von Arnim

Friedrich Schiller
Jean Paul
Novalis
Friedrich Hebbel
Ludwig Tieck
Clemens Brentano
Heinrich von Kleist
Wilhelm Raabe
Franz Grillparzer
Adalbert Stifter
Matthias Claudius
Eduard Mörike
Friedrich Hölderlin
Ludwig Bechstein
Ludwig Uhland

Sie sehen: Es gibt große Unterschiede zwischen *passivem* und *aktivem* Wissen.

Ein weiteres Experiment:
Bitte sehen Sie sich die folgenden Wörter 30 Sekunden lang an. Stoppen Sie die Zeit bitte mit der Uhr. Decken Sie nach Ablauf der 30 Sekunden die Wörter ab und schreiben Sie auf, was Sie behalten haben.

Baum, Möbel, Freizeit, Klamauk, Strauch, Haar, Transplantation, Brüderlichkeit, Lottogewinn, Busch, Film, Gleichheit, Gehaltserhöhung, Pferdekoppel, Grill, Toaster, Messer, Schirm, CW-Wert

Jetzt lösen Sie bitte folgende Rechenaufgabe:

$10 \times 3 - 9 + 22 : 11 =$ ____

Schreiben Sie nun bitte auf, welche Begriffe Sie behalten haben:

Mit Sicherheit haben Sie sich konkrete Begriffe besser merken können. Verwandte Begriffe haben Sie wahrscheinlich nacheinander aufgeschrieben – also Begriffsfelder gebildet.

Drei Regeln beim Speichern

Es gibt somit drei wichtige Regeln bei der Speicherung von Informationen:

1. Konkrete Inhalte lassen sich leichter merken als abstrakte Inhalte.
2. Verwandte Begriffe werden zusammengefasst.
3. Wörter mit hohem Aufmerksamkeitswert werden ebenfalls besser behalten. Dazu zählen etwa ungewöhnliche Bezeichnungen, sprechende Begriffe, die starke Emotionen hervorrufen.

Bitte überprüfen Sie, ob diese Regeln auch auf die Begriffe zutreffen, die Sie sich in der letzten Sitzung merken konnten.

Aus diesen drei Regeln lassen sich folgende Prinzipien für den Unterricht ableiten:

- *Vermitteln Sie Ihren Lernstoff so konkret wie möglich.*
- *Schaffen Sie den Bezug zum Alltag der Teilnehmer und nutzen Sie Beispiele und Vergleiche.*
- *Machen Sie Zusammenhänge deutlich und zeigen Sie Strukturen auf. Veranschaulichen und visualisieren Sie.*

5.4 Speicherung von Informationen fördern

Auch dieses Kapitel beginnt mit einer kleinen Aufgabe.

Stellen Sie sich vor, Sie sollen im Seminar einen ziemlich abstrakten Stoff mit vielen unbekannten Begriffen und schwierigen Zusammenhängen vermitteln. Ihre Teilnehmer haben zur Materie keine Vorkenntnisse und nur sehr verschwommene Vorstellungen.

Wie würden Sie vorgehen?

Es gibt fünf *Prinzipien*, die die Verankerung erleichtern:

1. Holen Sie die Teilnehmer dort ab, wo sie stehen

Beginnen Sie bei dem bisherigen Wissen und bei den bisherigen Erfahrungen der Teilnehmer. Verknüpfen Sie bekannte Tatsachen und Erfahrungen mit dem neuen Wissen.

Beispiel

Sie wollen Ihren Teilnehmern die Neuregelungen des Eigenheimzulagegesetzes vermitteln. Dabei kann man, ausgehend von den Regelungen des § 10e EStG, die neuen gesetzlichen Vorschriften erarbeiten.

2. Strukturieren Sie

»Speichertechnisch« gesehen setzen Sie zuerst wichtige Eckpunkte der neuen Wissensstruktur, um dann das Netz feiner zu spinnen.

Beispiel

Bei einer Einführung in die EDV ist es sinnvoll, erst die zentralen Grundbegriffe wie Hardware und Software einzuführen, um danach Begriffe wie Eingabemedien, Speichermedien, Programme usw. zu vermitteln.

Wissensstrukturen nutzen

Versuchen Sie, im Groben die Wissensstruktur deutlich zu machen. Um die korrekte Speicherung zu vereinfachen, sollten Sie die Struktur auch grafisch veranschaulichen.

Solche Strukturen kann man auch nutzen, um sich gezielt auf den Unterricht zu einem Thema vorzubereiten, das in hohem Maße von unbekannten Begriffen geprägt ist. Schreiben Sie dazu den zentralen Begriff auf, den Sie vermitteln wollen. Bestimmen Sie dann den Oberbegriff, verwandte Oberbegriffe, Synonyme zum Zentralbegriff, andere verwandte Begriffe (zum selben Oberbegriff) und untergeordnete Begriffe zum Zentralbegriff. Damit haben Sie nicht nur die Struktur im Gehirn (sehr vereinfacht) nachgebildet – Sie haben auch einen Ansatzpunkt für die richtige Vermittlung des Begriffs.

3. Vermeiden Sie Auswendiglernen

Beim Auswendiglernen wird in der Regel nur eine Verbindung zwischen zwei Begriffen geschaffen.

Beispiel

Einrichtung des Seenotfunks im Jahre 1912.

Einzelne Verbindungen dieser Art lassen sich aber schlecht merken. Für Erwachsene ist es deshalb besser, solche Wissenselemente stärker in Netze einzubinden.
Das Beispiel von oben:

Zwei Jahre vor Beginn des 1. Weltkriegs – im Jahre 1912 – ging die Titanic unter. Aus diesem Anlass wurde der Seenotfunk geschaffen.

Bezüge herstellen

Solche Gedankenketten mit zeitlichen und kausalen Bezügen verbleiben besser im Gedächtnis.

4. Ermöglichen Sie es, das Gelernte anzuwenden

Wie die Speicherung tatsächlich vor sich geht, ist wissenschaftlich noch nicht endgültig geklärt. Es gibt zwei plausible Hypothesen. Jede Nervenzelle ist über Nervenstränge mit einer Reihe anderer Nervenzellen verbunden. Zwischen den Zellen und den Strängen gibt es keine feste Verbindung, sondern eine Art »Transportflüssigkeit«, Gangliosid genannt.

Nun zu der ersten Hypothese: Eine dauerhafte Verbindung zwischen zwei Zellen kommt dann zustande, wenn zwischen den beiden Zellen häufig genug Informationen ausgetauscht worden sind und damit der Widerstand des Gangliosids genügend herabgesetzt ist.

Die zweite Hypothese: Wenn zwei Zellen zur selben Zeit einander Informationen senden, kommt eine dauerhafte Verbindung zustande.

Wissen üben und wiederholen

Aus beiden Hypothesen lässt sich für den Unterricht eine Schlussfolgerung ableiten. Es gilt, sich so intensiv wie möglich mit dem Gegenstand zu beschäftigen, das neue Wissen zu üben und zu wiederholen.

Die Notwendigkeit, den Schwerpunkt bei der Vermittlung vom Lernstoff nicht auf das Faktenwissen zu legen, sondern Fakten miteinander zu verknüpfen, haben wir erläutert. Aber Sie können und sollten noch mehr tun.

Der Umgang mit Wissen lässt sich anhand folgender vier Fragen und Aufgaben verdeutlichen:

1. Was ist Management-by-Objectives?
2. Nennen Sie drei gängige Führungsstile.
3. Vergleichen Sie die Vorteile und Nachteile des autoritären Führungsstils mit dem sozial-integrativen Führungsstil.
4. Wie gehen Sie mit einem Mitarbeiter um, der ständig zu spät kommt?

Reproduzieren

Bei der *ersten* Frage handelt es sich um *Reproduktion von Faktenwissen*. Der Teilnehmer muss dazu Einzelheiten kennen.

Reorganisieren

Bei der *zweiten* Aufgabe geht es darum, das *vorhandene Wissen zu sortieren*, zu reorganisieren. Voraussetzung ist, dass der Teilnehmer die Zusammenhänge versteht, d. h. ein Netz aufgebaut hat.

Anwenden

Bei der *dritten* Aufgabe muss er sein *Wissen anwenden*. Fakten und das Verständnis von Zusammenhängen sind dafür Voraussetzung.

Strategie finden

Die *vierte* Aufgabe erfordert Strategien zur *Problemlösung*, denn sowohl die Lösung als auch der Lösungsweg sind wahrscheinlich nicht bekannt. Voraussetzung hierfür ist wieder Faktenwissen und die Reorganisations fähigkeit sowie die Fähigkeit zur Analyse und Anwendung des Wissens.

Sie sollten im Unterricht alle vier Möglichkeiten integrieren. Gerade die Anwendung des Wissens und das selbstständige Problemlösen sind für den Erfolg des Unterrichts und für die Alltagstauglichkeit des Gelernten sehr wichtige Bedingungen.

5. Sprechen Sie Emotionen an

Eine ebenso wichtige wie vernachlässigte Lernhilfe ist die Ansprache von Gefühlen. Sie wissen, dass Teilnehmer in einer harmonischen Seminaratmosphäre aufmerksamer zuhören, interessierter sind und nachhaltiger lernen. Teilnehmer merken sich außergewöhnliche Begebenheiten im Seminar besonders gut.

Begriffe, die einen hohen emotionalen Wert haben, bleiben lange im Gedächtnis haften. Unter Dozenten wird die Phase nach der Mittagspause, in der alle Teilnehmer mehr oder weniger müde sind, scherzhaft als Zeit der toten Augen oder als Suppenkoma bezeichnet. Bei solchen scherzhaften Anmerkungen haben Sie nicht nur die Lacher auf Ihrer Seite, sondern sorgen gleichzeitig dafür, dass das Gesagte lange im Gedächtnis haften bleibt. Der Grund ist einfach: Es gibt Gehirnregionen, die sich auf die Speicherung emotionaler Inhalte »spezialisiert« haben. Durch Emotionalisierung wird neues Wissen zusätzlich verankert.

Diesen zusätzlichen Lerneffekt können Sie nutzen: Schöpfen Sie alle Möglichkeiten aus, um bei den Teilnehmern auch Emotionen anzusprechen, soweit dies die Lernsituation zulässt. Aber wie lässt sich das bewerkstelligen?

Wege, um Emotionen hervorzurufen

Sie können beispielsweise:

- eine provokannte These in den Raum stellen
- die Teilnehmer dazu bringen, Dinge aus einem ungewöhnlichen Blickwinkel heraus zu betrachten
- mit Sprachbildern arbeiten wie beim Begriff »Suppenkoma«
- ungewöhnliche, lustige Begebenheiten anführen
- eine spannende, lustige, vielleicht etwas skurrile Übung oder Kontrolle durchführen
- Rätsel, Wettbewerbe, Streitgespräche oder Spiele einbauen
- mit Übertreibungen arbeiten
- einen Gedanken mit den Teilnehmern bis ins Groteske hinein weiterspinnen
- mit negativer Sichtweise arbeiten, nach dem Motto »Wie mache ich die meisten und größten Fehler bei …«

Die Mittel sind zahlreich und in der Regel situationsabhängig.

Eine gute Quelle für neue Anregungen sind die Teilnehmer selbst. Achten Sie auf brauchbare Scherze, Bemerkungen und Beispiele. Notieren Sie diese gleich für Ihren nächsten Unterricht.

5.5 Umsetzung

1. Schreiben Sie sich alle wichtigen Punkte auf, die Sie umsetzen und ausprobieren wollen.
2. Formulieren Sie die Punkte so, dass sie möglichst konkret sind.
3. Legen Sie fest, welche Punkte Sie in welcher Reihenfolge in Angriff nehmen wollen.
4. Notieren Sie sich eine Frist.
5. Kontrollieren Sie, ob Sie den Punkt fristgerecht umgesetzt haben.

Diese Aspekte möchte ich umsetzen	Priorität	Termin	Erledigt
			☐
			☐
			☐
			☐
			☐
			☐
			☐
			☐
			☐
			☐
			☐
			☐
			☐
			☐

5.6 Fragen zum Verständnis

1. Warum sollte man neue unbekannte Lerninhalte möglichst mit bekanntem Wissen oder Erfahrungen verbinden?

2. Beschreiben Sie ein Beispiel für die Verknüpfung von Bekanntem und Neuem aus Ihrem Fachgebiet.

3. Nennen Sie Beispiele für Unterrichtsfragen oder -aufgaben, die
   - auf die Reproduktion von Faktenwissen oder auf die Reorganisation von Wissen zielen.
   - auf die Anwendung von Wissen zielen.
   - auf die Lösung von Problemen zielen.

5.7 Reflexions- und Planungsaufgabe

Bitte nehmen Sie sich einen Baustein Ihres Unterrichts vor.

1. Skizzieren Sie kurz Ihre Vorgehensweise.
2. Beschreiben Sie, inwieweit Ihre Vorgehensweise im Unterricht die Verarbeitung des Gelernten im Gedächtnis fördert.

6 Unterricht auf Teilnehmer abstimmen

Sie haben bisher gelernt, Unterrichtsstoff lerneffizient aufzubereiten. Die Teilnehmer haben wir dabei noch nicht näher betrachtet. Dies ist der nächste wichtige Schritt.

Oft wird unterschätzt, wie wichtig es ist, die Unterrichtsplanung auf die Teilnehmervoraussetzungen abzustimmen. Ohne die Lernbedürfnisse der Teilnehmer zu kennen und zu berücksichtigen, muss aber jedes Seminar provisorisch bleiben.

Dieses Kapitel liefert Ihnen Antworten auf Fragen wie:

- Welche Voraussetzungen der Teilnehmer sind für den Unterricht wichtig?
- Wie ermitteln Sie die Voraussetzungen der Teilnehmer?
- Wie können Sie die Voraussetzungen im Unterricht berücksichtigen?

6.1 Unterschiedliche Voraussetzungen einplanen

Wenn Sie zwanzig Teilnehmer im Seminar haben, dann haben Sie zwanzig *unterschiedliche* Teilnehmer.

Vier Ebenen Unterscheiden

Diese Unterschiede bestehen hinsichtlich

- der *Sozialdaten*
  - Alter
  - Geschlecht
  - Schulbildung
  - Beruf usw.

- hinsichtlich der *Vorkenntnisse und Vorerfahrungen*
  - aus der Ausbildung
  - aus dem Berufsalltag
  - aus anderen Seminaren
  - aus Büchern, Zeitschriften und Fernsehen
  - aus Berichten und Erzählungen anderer usw.

- hinsichtlich der *Lernbedürfnisse*
  - Motivation zum Thema
  - Probleme und Fragen
  - Erwartungen
  - Interesse
  - Einstellung zum Thema usw.

- und hinsichtlich *persönlicher Eigenschaften*
  - Ängstlichkeit
  - Erfahrungen mit Seminaren
  - Einstellung zum Lernen
  - Lernstil und Lerngewohnheiten
  - Konzentrationsfähigkeit und Durchhaltevermögen.

Diese Unterschiede können sich positiv wie negativ auf den Unterricht auswirken. Je genauer Sie die Voraussetzungen der Teilnehmer kennen, umso besser können Sie Ihren Unterricht darauf abstimmen. Und je besser Sie Ihren Unterricht auf die Voraussetzungen abstimmen, umso wahrscheinlicher ist der Lernerfolg für jeden einzelnen Teilnehmer.

Sehen Sie sich die Punkte bei den Sozialdaten an. Über welche dieser Voraussetzungen sollte sich ein Dozent informieren? Welche nehmen Ihrer Meinung nach Einfluss auf den Unterricht? Begründen Sie Ihre Meinung.

	Kenntnis wichtig? ja	nein
Alter	☐	☐
Begründung		
Geschlecht	☐	☐
Begründung		
Schulbildung	☐	☐
Begründung		
Beruf	☐	☐
Begründung		

Bei internen Schulungen sind die Vorkenntnisse zum Beispiel oft homogener als bei frei ausgeschriebenen Seminaren. Ob die einzelnen Punkte für den Unterricht relevant sind, hängt von den Rahmenbedingungen und vom Thema ab. Bei Seminaren über Grundlagen des Verwaltungshandelns spielt das Geschlecht eine geringere Rolle als beim Thema »sexuelle Belästigung am Arbeitsplatz«.

Trotz dieser Abhängigkeiten können alle genannten Gesichtspunkte Einfluss nehmen – mehr oder weniger deutlich.

Alter Bei den Sozialvariablen ist das *Alter* von besonderer Bedeutung. Ältere Menschen lernen nicht schlechter – ältere Menschen brauchen aber genügend Zeit, sich mit dem Lernstoff auseinander zu setzen. Gleichzeitig verfügen sie meist über einen reichen Schatz an Erfahrungen, die Sie im Unterricht nutzen können.

Geschlecht Die Bedeutung des *Geschlechts* wird unterschiedlich bewertet. Untersuchungen und Erfahrungen zeigen, dass Männer andere Lern- und Aneignungsstrategien bevorzugen als Frauen: Frauen nutzen eher einen ganzheitlich-kommunikativen Lernstil, Männer dagegen eher einen analytisch-individuellen Stil. Sinnvoll sind speziell auf Frauen zugeschnittene Seminare bei verhaltensorientierten Themen (etwa Gesprächstechnik) und bei Seminaren, die spezielle Strategien für Frauen zum Inhalt haben (etwa Führungsseminare).

Bildung Die *Schulausbildung* spielt meist eine untergeordnete Rolle. Entweder ist sie für das Thema nicht von Interesse oder sie wird durch andere, wichtigere Kriterien überlagert – etwa Stellung oder Erfahrung im Beruf. Selbst das Argument, man solle sich sprachlich auf die Schulbildung einstellen, greift nur bedingt. Denn auch Akademikern fällt Lernen leichter, wenn sich der Dozent um eine verständliche und anschauliche Sprache bemüht.

Berufsfeld Die Bedeutung des *Arbeitsgebietes* richtet sich sehr nach dem Thema des Seminars. Ein Seminar über Rechte und Pflichten von Behinderten im Betrieb muss bei Verwaltungsjuristen als Teilnehmern natürlich anders konzipiert sein als mit gerade gewählten Vertrauensleuten.

Bitte beurteilen Sie die Bedeutung von Vorkenntnissen und Vorerfahrungen. Wie wichtig ist deren Kenntnis für die Seminargestaltung?

	Kenntnis wichtig?	
Vorkenntnisse und Vorerfahrungen	ja	nein
■ aus der Ausbildung	□	□

Begründung

____

____

■ aus dem Berufsalltag	□	□

Begründung

____

____

■ aus anderen Seminaren	□	□

Begründung

____

____

■ aus Büchern, Zeitschriften, Fernsehen u. a.	□	□

Begründung

____

____

■ aus Berichten und Erzählungen anderer	□	□

Begründung

____

____

Vorkenntnisse und Erfahrungen

Die Vorkenntnisse und Vorerfahrungen der Teilnehmer sind von entscheidender Bedeutung für die Unterrichtsplanung und -gestaltung. Ein Seminar kann nur dann wirklich effizient sein, wenn es im starken Maße die Vorkenntnisse und Vorerfahrungen der Teilnehmer berücksichtigt. Ansonsten sind Unter- und Überforderung die Folge – die Motivation sinkt, der Lernerfolg ist gefährdet. Die Vorkenntnisse und Erfahrungen, auf die es ankommt, stammen vielfach aus dem *Berufsalltag* der Teilnehmer.

Die meisten Seminare zielen ja darauf ab, die Alltagssituation zu verbessern, d. h. die Arbeit zu optimieren. Die *Ausbildung* kann ein wichtiger Faktor sein, wenn sie nicht zu weit zurückliegt und sich das Seminarthema darauf bezieht.

Wissen aus anderen Seminaren kann zu einem Störfaktor werden und zur Unterforderung führen, wenn sich die Inhalte zu sehr ähneln.

Wissen aus Büchern und aus Berichten anderer kann sich vor allem bei Gesprächen positiv auswirken.

Bitte sehen Sie sich nun die Unterschiede bei den Lernbedürfnissen an. Ist deren Kenntnis für den Unterricht wichtig? Warum?

	Kenntnis wichtig? ja	nein
Motivation zum Thema	☐	☐

Begründung

____

____

	ja	nein
Probleme und Fragen	☐	☐

Begründung

____

____

Erwartungen ☐ ☐
Begründung

____

____

Interessen ☐ ☐
Begründung

____

____

Einstellungen zum Thema ☐ ☐
Begründung

____

____

Alle aufgeführten Punkte sind wichtig. Bei Teilnehmern mit geringer *Motivation* – vielleicht nimmt mancher ja sogar unfreiwillig teil – muss ein Seminar andere Akzente erhalten als bei gut motivierten Teilnehmern. Das Interesse muss erst geschaffen werden. Mit der Motivation hängt das *Problembewusstsein* und der »Leistungsdruck« der Teilnehmer eng zusammen.

Mit unterschiedlicher Motivation rechnen

Wenn sie im (Berufs-)Alltag mit bestimmten Problemen nicht zurechtkommen, wenn sie den Wunsch haben, Abläufe zu verbessern, wirkt sich dies positiv auf den Praxisbezug des Seminars aus – vorausgesetzt, der Dozent versteht es, diese Bedürfnisse aufzugreifen.

Probleme und Fragen im Beruf aufgreifen

Ähnliches gilt für *Erwartungen* und *Interessen*. Die *Einstellung zum Thema* schließlich kann von völliger Ablehnung bis zur Begeisterung sehr stark variieren. Auch dies können Dozenten nicht einfach ignorieren. Sie würden sonst den Erfolg des gesamten Seminars gefährden.

Einstellungen zum Thema berücksichtigen

Bitte sehen Sie sich jetzt noch den letzten Bereich an: die persönlichen Eigenschaften. Welche der aufgelisteten Punkte halten Sie für wichtig? Warum?

	Kenntnis wichtig? ja	nein
Ängstlichkeit	☐	☐
Begründung		

____

____

Erfahrungen mit Seminaren	☐	☐
Begründung		

____

____

Einstellungen zum Thema	☐	☐
Begründung		

____

____

Lernstil und -gewohnheiten	☐	☐
Begründung		

____

____

Konzentrationsfähigkeit und Durchhaltevermögen	☐	☐
Begründung		

____

____

Angst hemmt

Ängstlichkeit und Befürchtungen können auftreten im Hinblick auf das Thema und im Hinblick auf das Lernen selbst. Ängstlichkeit kann Lernen hemmen. Deshalb ist dieser Aspekt von besonderer Bedeutung.

Unsicherheiten auflösen

Es gibt einerseits viele Teilnehmer, die bereits etliche Seminare besucht haben, und andererseits gibt es Neulinge. Je ungewohnter die Situation, desto schwieriger. Denn dann gibt es in vielen Punkten bei den betroffenen Teilnehmern noch Unsicherheiten:

- Wie stelle ich mich richtig vor?
- Sage ich zu den anderen Teilnehmern gleich »du« statt »Sie«?
- Was erzähle ich von mir?
- Wie komme ich mit einer Gruppenarbeit zurecht?
- Soll ich mich an einem Rollenspiel beteiligen?
- Soll ich die Ergebnisse der Arbeitsphase im Plenum präsentieren?

Neulingen müssen Sie die Aufgaben und Methoden genauer erklären und auch mehr für die Motivation im Unterricht tun.

Lerneinstellung berücksichtigen

Die *Einstellung zum Lernen* generell zeigt sich darin, ob jemand Weiterbildung als wichtige Chance versteht oder als notwendiges Übel. Dies wirkt sich auf die Motivation des Teilnehmers und damit auf den Erfolg des Seminars aus.

Lernstil beachten

Lernstil und Lerngewohnheiten wirken sich positiv oder negativ auf den Lernerfolg aus – je nachdem, ob der Dozent die unterschiedlichen Stile berücksichtigt oder nicht. Der eine Teilnehmer lernt am besten, wenn er über das Thema spricht, ein anderer braucht eine Übersicht oder eine Grafik, einem Dritten hilft am besten eine Anwendungsübung. Dem einen fällt es leicht, das Gelernte auf seine Alltagsprobleme anzuwenden, ein anderer hat Probleme damit. Wieder andere lernen am besten »im stillen Kämmerchen«, oder sie bevorzugen dagegen das gemeinsame Erarbeiten mit anderen.

Konzentration erhalten

Schließlich gibt es große Unterschiede in der *Konzentrationsfähigkeit und im Durchhaltevermögen*. Das kann im Extremfall dazu führen, dass nur noch einer im Seminar konzentriert bei der Sache ist: der Dozent.

Sich nicht überfordern

Die Liste der Teilnehmervoraussetzungen, die für den Unterricht von Bedeutung ist, ist lang. Nicht alles lässt sich berücksichtigen. Das wäre schon bei kleinen Lerngruppen eine Überforderung. Trotzdem sollten Sie sich Mühe geben, denn in der Teilnehmerorientierung liegt eine große Chance zu einem erfolgreichen Unterricht.

6.2 Voraussetzungen der Teilnehmer ermitteln

Drei Methoden der Analyse

Um die Voraussetzungen der Teilnehmer zu ermitteln, können Sie drei verschiedene Methoden einsetzen:

1. *Bedarfsanalyse*
   Wie sieht der Fortbildungsbedarf bei einem bestimmten Thema und einer bestimmten Zielgruppe aus?
   Welche Inhalte sind von besonderem Interesse?

2. *Adressatenanalyse*
   Wer könnte zum Seminar kommen? Für wen ist es interessant?

3. *Teilnehmeranalyse*
   Welche Teilnehmer haben sich angemeldet?
   Welche Teilnehmer sind gekommen?
   Welche Aufgaben haben die Teilnehmer in ihrem Alltag zu erfüllen?

Wege zum Ermitteln der Voraussetzungen

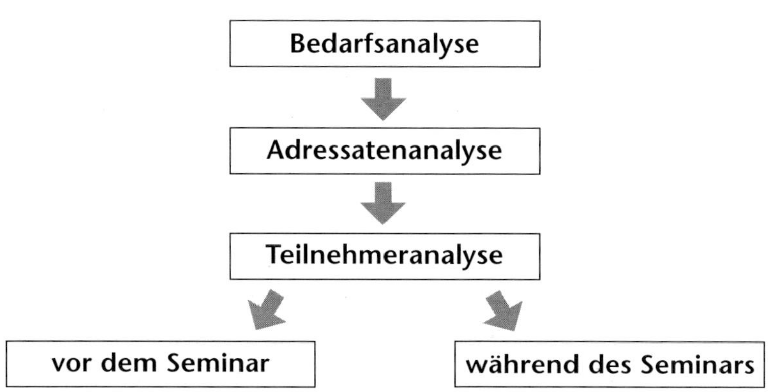

Bedarfsanalyse und *Adressatenanalyse* können nur allgemeine Daten liefern. Trotzdem ermöglichen sie schon eine erste Orientierung und Vorauswahl bei den Zielen und Inhalten. Zu den besten Methoden der Bedarfs- und Adressatenanalyse gehören Gespräche mit Personen aus der Zielgruppe und eine Analyse der Arbeits- und Arbeitsplatzsituation.

Erste Orientierung gewinnen

Die *Teilnehmeranalyse* ist für die Feinabstimmung des Kursverlaufs von besonderem Wert und unbedingt notwendig. Der Teilnehmeranalyse können Sie sich vor dem Seminar und während des Seminars widmen. Besser ist es natürlich, schon vorher die Bedürfnisse der Teilnehmer möglichst genau zu kennen. Eine gängige Informationsquelle sind die Sozialdaten der Teilnehmer, soweit sie aus den Anmeldungen hervorgehen: Alter, Geschlecht, Arbeitsgebiet und Stellung können bereits erste Anregungen für die Seminarplanung geben.

Feinabstimmung vornehmen

Weit besser ist es natürlich, wenn Sie bereits persönliche Kontakte mit den Teilnehmern haben. Das stellt in der Regel leider die Ausnahme dar.

Kennen Sie die Arbeitsplätze der Teilnehmer nicht aus eigener Anschauung, bietet sich ein gemeinsames Vorgespräch an. Im Idealfall werden durch solch ein Gespräch konkrete Anhaltspunkte gewonnen,

Vorgespräche führen

- welche Aufgaben erledigt werden müssen,
- welche Tätigkeiten dazu erforderlich sind,
- welche Probleme und Schwachstellen es gibt,
- wie diese Schwachstellen beseitigt werden können und
- welche Erwartungen die Teilnehmer haben.

Eine solche *Arbeits-* und *Arbeitsplatzanalyse* ist nicht in jedem Fall sinnvoll. Andererseits muss sich der Erfolg eines Seminars immer auch an der Übertragbarkeit des Wissens auf die Alltagssituation messen lassen. Um das zu berücksichtigen, müssen Sie die Arbeitsplätze kennen.

Das Vorwissen lässt sich gut mithilfe von Gesprächen ermitteln. Wichtig – aber meist schwierig vorab zu klären – ist die Frage nach der Motivation der Teilnehmer, an einem Seminar teilzunehmen und etwas Neues zu lernen. Gefühlsmäßige Einstellungen sind vorab meist kaum zu bestimmen.

Mit Schwierigkeiten rechnen

Fast immer stellt der Dozent bei seiner Analyse fest, dass die Teilnehmergruppe im Hinblick auf Lernbereitschaft, Vorwissen, Interessen und Einstellungen inhomogen ist und dies zu Schwierigkeiten im Seminar führen kann.

Als Möglichkeit, sich vor dem Seminar Informationen über die Teilnehmer zu beschaffen, wurde bisher nur das Gespräch mit den Teilnehmern erwähnt. Weitere Möglichkeiten sind:

- Gespräche mit Vorgesetzten
- Tests, die vorher an die Teilnehmer versandt werden
- Fragebögen, die vorher zugeschickt werden

Vorgesetzte einbeziehen

Gespräche mit dem Vorgesetzten haben den Vorteil, dass der Vorgesetzte in den Weiterbildungsprozess einbezogen wird. Da die Umsetzung von Seminarinhalten in der Praxis auch an Vorgesetzten scheitern kann, ist ein solches Gespräch häufig sinnvoll – falls es überhaupt möglich und machbar ist. Ein Nachteil ist der hohe Aufwand. Außerdem erhält man nur gefilterte Informationen aus einem bestimmten Blickwinkel.

Tests und Fragebögen

Tests und Fragebögen haben einen gemeinsamen Vor- und Nachteil:

- Vorteil: Man erhält ziemlich genaue Informationen von vielen Teilnehmern.
- Nachteil: Es wird immer Teilnehmer geben, die nicht antworten.

Auch hier ist der Aufwand recht groß. Außerdem müssen die Adressen der Teilnehmer rechtzeitig zur Verfügung stehen. Ein Test wird von vielen mit Recht als Leistungskontrolle aufgefasst. Bei vielen Seminaren ist dies nicht gerade ein optimaler erster Kontakt.

Ein Fragebogen könnte folgendermaßen aussehen:

Beispiel für einen Fragebogen

Sehr geehrte ___________

Sie haben sich zum Seminar ________ angemeldet. Als Seminarleiter freue ich mich, Sie am ______ um _______ in _______ begrüßen zu können.

Um das Seminar ganz auf Ihre Bedürfnisse abstimmen zu können, möchte ich Sie um einige Informationen bitten. Sie helfen mir damit sehr. Natürlich bleiben die Angaben anonym.

Warum haben Sie sich für dieses Seminar entschieden?

____

____

Welche Erfahrungen haben Sie bisher mit Seminaren gemacht?

____

____

Welche Aspekte interessieren Sie bei diesem Thema besonders?

____

____

Haben Sie schon mal an einem Seminar mit ähnlichem Inhalt teilgenommen?

____

____

Ein Mittel, um die Lerngruppe homogen zu halten, liegt in der Hand des Dozenten: die *Ausschreibung*. Je präziser sie ist und sein kann, desto eher sind krasse Unterschiede bei den Voraussetzungen der Teilnehmer zu vermeiden – allerdings häufig mit beschränktem Erfolg. Die Erfahrung zeigt, dass sich – zumindest bei freien Angeboten – immer wieder Teilnehmer einfinden, die nicht zur definierten Zielgruppe gehören.

Generell gilt:

- *Je früher und systematischer Lernbedürfnisse analysiert sind, desto besser kann sich der Dozent auf diese Bedürfnisse einstellen.*
- *Spätestens zu Beginn des Seminars muss sich der Dozent Klarheit über die Lernbedürfnisse und das Vorwissen verschafft haben.*

Teilnehmeranalyse im Seminar

Sollte es Ihnen nicht möglich sein, die Voraussetzungen der Teilnehmer bereits vor dem Seminar zu ermitteln, nutzen Sie die Anfangsphase des Kurses. Gängige und bewährte Methoden sind:

- *Vorstellungsrunde*
  Die Teilnehmer äußern sich zu ihren Vorerfahrungen und Erwartungen.
- *Kartenabfrage*
  Die Teilnehmer schreiben ihre Wünsche auf Karten. Die Karten werden eingesammelt, vorgelesen und Oberbegriffen zugeordnet. Die so entstandene Übersicht wird gemeinsam diskutiert und – wenn möglich – auf die inhaltliche Planung des Seminars bezogen.
- *Fragebogen*
  Auch die schriftliche Abfrage des Vorwissens mithilfe von Fragebögen oder Übungsaufgaben ist möglich. Sie kann sich aber wegen des Charakters einer Prüfungssituation negativ auf das soziale Klima auswirken.

Vorstellungsrunde und Kartenabfrage dienen nicht nur der Analyse der Wünsche, Interessen und Vorkenntnisse. Sie vermitteln den Teilnehmern auch selbst ein Bild über die unterschiedlichen Lernbedürfnisse und helfen so Enttäuschungen zu vermeiden, wenn Teilnehmer sich andere Inhalte vorgestellt haben. Positiv ist zudem, dass die Teilnehmer gleich zu Beginn des Seminars selbst aktiv werden. Es findet ein erstes Kennenlernen statt und man hat einen ersten Gesprächsanlass.

In diesem Beipiel finden Sie das Ergebnis einer Kartenabfrage. Zu Beginn eines Rhetorikseminars wurden die Teilnehmer gebeten, ihre Erwartungen stichwortartig zu notieren.

Beispiele für die Ergebnisse einer Kartenabfrage zum Thema Rhetorik

Seminarthema: Rhetorik
Ergebnis der Kartenabfrage »Was erwarten Sie von diesem Seminar?«:

- **sicher auftreten können**
- **argumentieren lernen**
- **mit meinem Chef (Zyniker) richtig umgehen**
- **Vorträge halten**
- **mit meinen Kollegen besser auskommen**
- **Lampenfieber abbauen**
- **sich gut verkaufen können**
- **sich als Frau sprachlich behaupten**
- **Bewerbungsgespräche führen lernen**
- **mehr Erfolg im Beruf haben**

Häufig tauchen bei Abfragen wie dieser ganz allgemeine, unspezifische Äußerungen auf. Aus diesen lassen sich nur schwer Rückschlüsse auf die Seminarinhalte ziehen. Ein Beispiel ist hier die Notiz »mehr Erfolg im Beruf haben«. Rechnen Sie auch damit, dass sehr spezielle Probleme angesprochen werden, etwa ein zynischer Chef und das Bewerbungsgespräch. Auf diese Punkte sollten Sie so eingehen, dass andere Teilnehmer sich nicht langweilen.

Weitere Wege

Weitere Möglichkeiten, die Interessen der Teilnehmer zu ermitteln, sind:

- *Rundfrage*
  Alle Teilnehmer nehmen nacheinander dazu Stellung, warum sie dieses Seminar besuchen. Solch eine Rundfrage kann mit der Vorstellungsrunde gekoppelt werden.
- *Abfrage per Zuruf*
  Der Dozent stellt sich an das Flipchart und schreibt auf, was Teilnehmer ihm an Wünschen und Interessenschwerpunkten nennen. Die Äußerungen sollte er dabei möglichst nicht kommentieren.

6.3 Voraussetzungen im Unterricht berücksichtigen

Planungen flexibel anpassen

Auch wenn die Teilnehmer noch so verschieden sind, Sie müssen mit diesen Unterschieden leben. Schwierig ist dies besonders dann, wenn der Dozent die Teilnehmervoraussetzungen erst während des Kurses ermittelt. Dies verlangt vom Dozenten ein hohes Maß an Flexibilität, um sich kurzfristig auf spezielle Lernbedürfnisse einzustellen. Im Unterricht mit wenigen Teilnehmern scheint dies nicht so schwierig. Problematisch ist es bei Kursen mit größeren Gruppen – vor allem dann, wenn man sich nicht als Vermittler von Lernstoff, sondern als Organisator von Lernprozessen versteht. Dann muss der Dozent bereit und fähig sein, seine Planungen situativ den aktuellen Bedingungen anzupassen.

Es gibt eine Reihe von Hilfen, die solche Unterschiede auffangen helfen, sodass Unterschiede für den Unterricht sogar belebend und gewinnbringend sein können.

Sehen wir uns die wichtigsten Unterschiede nacheinander an: Eine Altersstruktur von zwanzig bis sechzig Jahren ist in vielen Kursen zu finden.

Bitte überlegen Sie: Wie kann sich eine inhomogene Altersstruktur in einem Ihrer Seminare auswirken?

____

____

____

Welche Maßnahmen können Sie im Unterricht ergreifen, um negative Folgen aufzufangen?

____

____

Mögliche Auswirkungen sind Unter- oder Überforderung durch zu schnelles oder zu langsames Vorgehen im Unterricht.

Inhomogene Altersstruktur nutzen

Mögliche Maßnahmen sind:

- Legen Sie Wert auf ausreichend Zeit für den Erfahrungsaustausch, um älteren Teilnehmern die Möglichkeit zu eröffnen, ihre Erfahrungen weiterzugeben. Von diesen Erfahrungen können dann die jüngeren Teilnehmer profitieren.
- Lassen Sie die Teilnehmer oft in Gruppen arbeiten. So gleichen sich Leistungsunterschiede besonders gut aus.
- Planen Sie (soweit möglich) Zusatzaufgaben für »schnelle« Lernende ein.

Wie können sich unterschiedliche Vorkenntnisse in einem Ihrer Seminare auswirken?

Wie können Sie diese Unterschiede im Unterricht auffangen oder auch nutzen?

Mögliche Auswirkungen sind auch hier wieder Unter- oder Überforderung – je nachdem, was Sie an Wissen voraussetzen und auf welchem Niveau Sie Ihren Unterricht gestalten.

Unterschiedliche Vorkenntnisse nutzen

An Maßnahmen kommen infrage:

- Aufgaben mit unterschiedlichem Schwierigkeitsgrad
- Arbeitsgruppen mit unterschiedlichen Aufgaben
- starke Reduzierung von Unterricht in Vortragsform
- Einbeziehung von Teilnehmern mit Vorwissen als Leiter von Arbeitsgruppen
- Teilnehmerreferate

Bei Gesprächen und Gruppenarbeit wirken sich Unterschiede in den Vorkenntnissen positiv aus. Geben Sie deshalb diesen Methoden viel Raum. Stellen Sie bei Kursen eines bestimmten Typs immer wieder fest, dass das Vorwissen der Teilnehmer zu unterschiedlich ist, sollten Sie über die Möglichkeit eines Vorschaltkurses oder kürzere, aufeinander aufbauende Einzelseminare nachdenken.

Sie sollten immer Zeiten einplanen (etwa in den Abendstunden), in denen Sie Lernschwierigkeiten einzelner Teilnehmer auffangen können – allerdings als freiwilliges Angebot. Bewährt hat es sich, solche Übungs- und Wiederholungsphasen für alle Teilnehmer anzubieten. Die Teilnehmer können frei arbeiten, den Stoff wiederholen und vertiefen, eigene Anwendungen entwickeln und bei Bedarf die Hilfe des Dozenten in Anspruch nehmen. Entsprechende Übungsmaterialien und Übungsaufgaben müssen allerdings vorhanden sein.

Wie können sich unterschiedliche Interessen und Erwartungen in einem Ihrer Seminare auswirken?

____

____

Welche Gegenmaßnahmen sind denkbar?

____

____

Wenn das persönliche Anliegen im Seminar zu kurz gekommen ist, lassen sich vor allem folgende Auswirkungen ausmachen:

- Enttäuschungen und mangelnde Motivation einzelner Teilnehmer
- mangelnde Anwendbarkeit des Gelernten in der Praxis

Mit unterschiedlichen Interessen umgehen

Als Maßnahmen kommen im Seminar in Betracht:

- eine starke Beteiligung der Teilnehmer bereits bei der Auswahl der Seminarinhalte
- Aufgaben zu unterschiedlichen Schwerpunkten
- Arbeitsgruppen zu unterschiedlichen Schwerpunkten
- Zusatzangebote in den Abendstunden
- Klärung von individuell wichtigen Fragen in Einzelgesprächen

Welchen Einfluss kann unterschiedliche Motivation bei den Teilnehmern auf eines Ihrer Seminare haben?

____

____

Welche Maßnahmen sind im Unterricht denkbar und sinnvoll?

____

____

Motivationsprobleme vorab klären

Mögliche Auswirkungen sind verschiedene Motivationsschwierigkeiten. Besonders problematisch verhalten sich unfreiwillige Teilnehmer. Versuchen Sie zu ermitteln, ob sich solche Teilnehmer in Ihrem Seminar befinden. In diesem Fall ist es sinnvoll, schon zu Beginn über ihre Bedenken und Ablehnungsgründe zu sprechen oder zumindest die Bedeutung des Themas – am besten an Beispielen – am Anfang ausführlich zu erörtern.

Schwierig können auch übermotivierte Teilnehmer sein. Denn auch sie sind schnell enttäuscht, wenn und weil Sie nicht ihren Wünschen entsprechend auf sie eingehen können.

6.4 Umsetzung

1. Schreiben Sie sich alle wichtigen Punkte auf, die Sie umsetzen und ausprobieren wollen.
2. Formulieren Sie die Punkte so, dass sie möglichst konkret sind.
3. Legen Sie fest, welche Punkte Sie in welcher Reihenfolge in Angriff nehmen wollen.
4. Notieren Sie sich eine Frist.
5. Kontrollieren Sie, ob Sie den Punkt fristgerecht umgesetzt haben.

Diese Aspekte möchte ich umsetzen	Priorität	Termin	Erledigt
			☐
			☐
			☐
			☐
			☐
			☐
			☐
			☐
			☐
			☐
			☐
			☐
			☐
			☐

6.5 Fragen zum Verständnis

1. Bei welchen drei Voraussetzungen der Teilnehmer wirken sich Unterschiede Ihrer Meinung nach besonders stark auf den Unterrichtserfolg aus? Begründen Sie bitte Ihre Meinung.

2. Sie erfahren, dass in Ihrem nächsten Seminar durchweg unfreiwillige Teilnehmer sitzen und dass Sie mit Demotivation rechnen müssen. Wie gehen Sie in dieser Situation vor?

3. Warum ist der Vortrag als Methode bei einer heterogenen Teilnehmerstruktur wenig geeignet?

6.6 Reflexions- und Planungsaufgabe

1. Sie führen ein Seminar zum Thema Rhetorik an einer Volkshochschule durch. Die Teilnehmer sollen während des Seminars Praxisübungen in Gruppen (zu je drei Personen) durchführen. Die Gruppen sollen während des ganzen (einwöchigen) Seminars zusammenbleiben.

   Sie wissen schon vor Beginn des Seminars, dass zehn Teilnehmer kommen werden. Ansonsten haben Sie nur eine Teilnehmerliste mit Namen und Altersangabe.

   Hans G., 38 Jahre
   Vera T., 22 Jahre
   Dieter H., 38 Jahre
   Jürgen S., 30 Jahre
   Bernd S., 25 Jahre
   Paul H., 58 Jahre
   Horst S., 28 Jahre
   Peter T., 45 Jahre
   Andrea W., 45 Jahre

   Sehen Sie sich aufgrund dieser Angaben schon in der Lage, Gruppen zu bilden? Wenn ja, welche Teilnehmer lassen Sie zusammenarbeiten? Begründen Sie bitte Ihre Wahl. Wenn nein, warum nicht?

2. Das Seminar beginnt, die Teilnehmer stellen sich vor. Sie erhalten folgende Zusatzinformationen:

Teilnehmer/in	Alter	Arbeitsstelle/Beruf
Hans G.	38 Jahre	Sachbearbeiter bei den Verkehrsbetrieben
Vera T.	22 Jahre	Studentin
Dieter H.	38 Jahre	Vorsitzender eines Rudervereins
Bernd S.	25 Jahre	Versicherungsvertreter
Paul H.	58 Jahre	Stadtverordneter
Horst S.	28 Jahre	Hochschulassistent
Peter T.	45 Jahre	Arbeitsloser
Jürgen S.	30 Jahre	Autoverkäufer
Andrea W.	45 Jahre	Hausfrau

Wie würden Sie jetzt die Gruppen zusammenstellen? Wie begründen Sie Ihre Wahl?
Wenn Sie aufgrund dieser Informationen keine Gruppen bilden wollen, begründen Sie dies bitte.

3. Schließlich lassen Sie die Teilnehmer ihre Erwartungen äußern. Jetzt erhalten Sie folgende Zusatzinformationen:

Hans G.	– hat Redehemmungen, möchte lernen, seine Meinung besser zu vertreten und sich in Gesprächen durchzusetzen
Vera T.	– möchte sich auf ihre mündlichen Prüfungen rhetorisch vorbereiten
Dieter H.	– muss immer wieder im Verein Festreden halten
Bernd S.	– möchte lernen, Kunden zu überzeugen
Paul H.	– strebt eine Kandidatur als Landtagsabgeordneter an
Horst S.	– muss in zwei Monaten auf einem Fachkongress vor 500 Leuten sprechen
Peter T.	– möchte lernen, in Bewerbungsgesprächen sicherer aufzutreten
Jürgen S.	– möchte seinen Umsatz steigern
Andrea W.	– hat einfach Spaß, unter Leute zu kommen

Wie würden Sie jetzt die Gruppen zusammenstellen? Wie begründen Sie Ihre Wahl?

7 Umsetzung erleichtern

Viele Seminare, an deren Ende ein positiver Eindruck bei den Teilnehmern und beim Dozenten steht, bleiben trotzdem ohne Erfolg. Denn viel zu häufig wird das Gelernte nicht umgesetzt. Doch die Umsetzung im Alltag ist eigentlich das entscheidende Kriterium für den Erfolg eines Seminars. Ein Dozent sollte daher bereits im Seminar alle Möglichkeiten nutzen, um die Umsetzung des Gelernten, den Transfer, zu erleichtern.

Dieses Kapitel liefert Ihnen Antworten auf Fragen wie:

- Welche Voraussetzungen für eine gute Umsetzung des Gelernten gibt es?
- Wodurch wird die Umsetzung des Gelernten im Seminar beeinflusst?
- Wie können direkte Fördermaßnahmen in ein Seminar integriert werden?
- Wie können Sie Teilnehmer bereits im Seminar auf die Umsetzung vorbereiten?

Eigentlich müsste man davon ausgehen, dass der Lernprozess nach dem Seminar als Umsetzungsprozess erfolgreich weiterläuft. Dass dies meist nicht der Fall ist, zeigen viele Beobachtungen und die wenigen Untersuchungen zur Effektivität des Transfers. Mittlerweile hat sich ein Fachbegriff für dieses Phänomen eingebürgert: die *Transferlücke*. Notwendig sind deshalb gezielte Transferfördermaßnahmen im Seminar.

Die Transferlücke

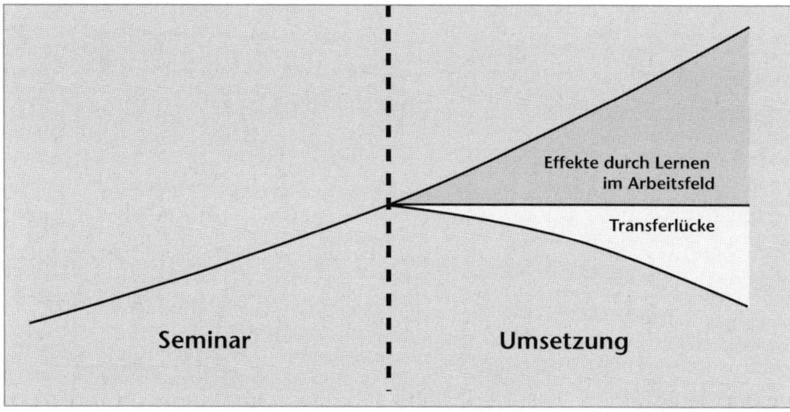

7.1 Voraussetzungen für einen guten Transfer schaffen

Früh ansetzen

Die Transferförderung beginnt – streng genommen – bereits vor dem Seminar. Denn sie ist abhängig von der Auswahl der Teilnehmer und den Rahmenbedingungen des Seminars.

Wenn die falschen Teilnehmer im Seminar sitzen, wenn vierzig unterschiedliche Teilnehmer den Ausführungen des Dozenten lauschen, wenn die Seminardauer zu kurz ist, zu wenig Zeit für Erfahrungsaustausch und Anwendungsübungen bleibt, werden die Chancen auf einen guten Transfer sträflich verringert.

Homogenität fördert Transfer

Auf der anderen Seite: Je homogener die Teilnehmergruppe, je größer die Übereinstimmung ihrer Vorkenntnisse, je ähnlicher ihre Arbeitsplätze und ihre Arbeitsaufgaben sind, desto größer ist die Wahrscheinlichkeit, dass alle Teilnehmer viel umsetzbares Wissen aus dem Seminar mitnehmen. Durch homogene Teilnehmergruppen lassen sich Redundanzen in der Stoffvermittlung vermeiden und kostbare Lernzeit einsparen. Da auf diese Weise Überforderung und Unterforderung wegfallen, werden zugleich Motivationsdefizite vermieden.

Homogene Teilnehmergruppen sind allerdings in der Regel eher ein Wunschtraum als Realität. Gerade deshalb ist es wichtig, dass Sie immer wieder versuchen, sich diesem Ziel durch geeignete Maßnahmen anzunähern – auch wenn dies oft einen erhöhten Planungsaufwand bedeutet. Deshalb ist die Warnung hier fast überflüssig, *zu* homogene Gruppen zu bilden. Denn ein transferorientiertes Seminar lebt auch vom Austausch der Teilnehmer, von ihren unterschiedlichen Erfahrungen.

Auf die Teilnehmer einstellen

In jedem Fall sollten Sie als Dozent vorab versuchen, ausreichende Informationen über die Zusammensetzung der Teilnehmergruppe zu bekommen. Nur dann wird es Ihnen möglich sein, sich in Hinblick auf Ziele, Themen, Inhaltsauswahl und -aufbereitung auf die Besonderheiten der einzelnen Teilnehmer einzustellen.

Der Umsetzungserfolg ist natürlich auch davon abhängig, ob von vornherein statt punktueller Einzelseminare Seminarfolgen geplant werden. Kombinationen von Grundschulungen und einem Umsetzungsworkshop einige Monate später sind heute meist nur bei längeren Qualifizierungen üblich. Aus Transfersicht dürfte es allerdings weitaus günstiger sein, statt eines fünftägigen Seminars eine dreitägige Veranstaltung mit einem zweitägigen Umsetzungsworkshop zu koppeln.

7.2 Unterricht teilnehmerorientiert gestalten

Die Teilnehmer stehen im Mittelpunkt

Um den Transfer zu fördern, sollten Sie im Seminar alle didaktisch-methodischen Möglichkeiten einer teilnehmerzentrierten Seminargestaltung nutzen. In einem teilnehmerzentrierten Unterricht sollten

- die Erfahrungen der Teilnehmer aufgegriffen,
- deren Probleme thematisiert,
- Handlungs- und Lösungsalternativen erarbeitet,
- Möglichkeiten der Umsetzung der Lösungen gemeinsam ausgelotet und
- Hilfen zur Umsetzung gegeben werden.

An Arbeitsalltag anknüpfen

Zu einem teilnehmerorientierten Unterricht gehört auch das Eingehen auf die Lernbedürfnisse und die Praxisbedingungen der Teilnehmer. Dies muss sich widerspiegeln in

- einer genauen Ausrichtung der Ziele auf die Teilnehmergruppe,
- einem strikten Praxisbezug bei der Inhaltsauswahl und
- in Beispielen aus dem Arbeitsalltag der Teilnehmer.

Lernwirksam unterrichten

Um das Gelernte im Berufsalltag umsetzen zu können, müssen die Teilnehmer das Wissen erst einmal erwerben. Eine hohe Lernausbeute ist eine gute Grundlage für den Transfer des Gelernten. Die Wege, die zu einem lernwirksamen Unterricht führen, sind in der pädagogischen Psychologie hinlänglich beschrieben. Dies sind vor allem

- Orientierung des Unterrichts am Lernprozess,
- Aktivierung der Teilnehmer,
- Veranschaulichung und Visualisierung des Lernstoffs sowie
- Strukturierung.

Übungsphasen integrieren

Andererseits nützt der reine Wissenserwerb wenig. Hinzukommen müssen *Übungen* zur Anwendung des Gelernten in Situationen, die möglichst praxisnah sind. Gut geeignet sind Simulationen, seien es Rollenspiele oder Planspiele, computergestützt oder ohne technische Hilfsmittel. Solche Übungsphasen haben einen weiteren Vorteil: Die Teilnehmer erhalten eine Rückmeldung über ihren Lernerfolg und über die Fähigkeit, das neue Wissen umzusetzen. Auch dies ist für den Transfer wichtig.

Erfahrungen reflektieren

Aus Transfersicht gehört hinter jede Vermittlungsphase und erst recht hinter jeder Übungsphase eine Reflexion der Erfahrungen:

- Was war für die einzelnen Teilnehmer wichtig?
- Was nehmen sie konkret für ihren Alltag mit?
- Welche Schwierigkeiten sehen die Teilnehmer bei der Umsetzung des neu Gelernten?
- Wie können diese Schwierigkeiten ausgeräumt werden?

Die Diskussion dieser Fragen hilft nicht nur den Teilnehmern bei der Umsetzung, sie hilft auch dem Dozenten, seinen Unterricht transferorientierter zu gestalten.

Das richtige Maß finden

Im Seminar müssen Wissensvermittlung und Handlungsorientierung in einer vernünftigen Relation stehen. Bei so manchem Fachseminar haben die Teilnehmer zu wenig Gelegenheit, die Fülle des erworbenen Wissens auch zu reflektieren, zu erproben und aus dieser Umsetzung zu lernen. Andererseits gibt es verhaltensorientierte Seminare, bei denen die Selbsterfahrung und Handlungsorientierung sehr stark in den Mittelpunkt gerückt ist – zulasten eines notwendigen Basiswissens.

Hinzukommen muss außerdem die Bereitschaft und die Motivation, das erworbene Wissen auch tatsächlich umzusetzen. Die Vernachlässigung dieser affektiven Lernziele im Unterricht dürfte einer der Gründe sein, warum der Transfer häufig zu gering ausfällt.

7.3 Direkte Transfermaßnahmen einbauen

Bei den direkten Transferfördermaßnahmen lassen sich zwei methodische Varianten unterscheiden: die situativen und die medialen Hilfen. Diese Hilfen können im Laufe oder am Ende des Seminars zum Einsatz kommen.

Situative und mediale Transferhilfen

	während des Seminars	am Ende des Seminars
situative Hilfen	**Blitzlicht** (siehe Seite 133)	**Rückkehrer-Rollenspiel** (siehe Seite 138)
mediale Hilfen	**Transferbögen** (siehe Seite 135)	**Brief an sich selbst** (siehe Seite 139)

Der Einsatz der Transferhilfen während des Seminars erfolgt entweder am Ende eines Tages oder nach besonderen Unterrichtseinheiten, etwa nach wichtigen Umsetzungsübungen.

Situative Hilfen

Es gibt verschiedene Methoden, die sich als situative Hilfen während des Seminars bewährt haben:

- *Blitzlicht*
  Jeder Teilnehmer nimmt kurz Stellung zu einer vom Dozenten vor-

gegebenen Frage, etwa »Was war für Sie heute besonders wichtig?« oder »Was nehmen Sie für sich persönlich aus dieser Übung mit?«,

- *Partnerhilfe*
  Die Teilnehmer überlegen in Zweiergruppen, was sie umsetzen und welche Strategien sie dabei nutzen möchten. Sie beraten sich gegenseitig und lernen voneinander.
- *Schriftliches Diskutieren*
  An einer Stellwand werden wichtige Merkposten und Vorschläge zum Thema festgehalten. Die Teilnehmer schreiben mögliche Schwierigkeiten bei der Umsetzung als Stichwörter auf Karten. Die Karten werden nacheinander besprochen. Im Gespräch wird gemeinsam nach Möglichkeiten zum Umgang mit diesen Schwierigkeiten gesucht.
- *»Ja, aber«-Übung*
  Die Teilnehmer suchen zu jedem Vorschlag des Dozenten Gründe, warum dies in der Praxis nicht klappen kann. Anschließend wird über die Einwände gesprochen.

Beispiel: Tagesauswertung

Abschluss des Seminartages

Für eine *Tagesauswertung* werden die letzten 15 Minuten des Seminartages reserviert. Ein möglicher Ablauf wäre:

1. Der Dozent fasst die wichtigsten Ergebnisse des Tages zusammen.
2. Die Teilnehmer halten wichtige Merkposten schriftlich für sich fest, etwa in einem Transferbogen (siehe nächste Seite).
3. Die Teilnehmer bilden Paare oder Gruppen und informieren die anderen darüber, was für sie besonders wichtig war.
4. Zum Schluss wird besprochen, welche Fragen offen geblieben sind. Diese offenen Fragen werden am nächsten Seminartag als Erstes besprochen.

Mediale Hilfen

Mediale Hilfen dienen dazu, wichtige Merkposten schriftlich festzuhalten, entweder für die ganze Lerngruppe oder für den einzelnen Teilnehmer.

Beispiel: Transferbögen

Parallel zum Seminar

Der Transferbogen begleitet die Teilnehmer während des gesamten Seminars. Der Dozent teilt ihn gleich zu Beginn des Seminars aus und erläutert den Zweck und die Handhabung.

In diesen Bogen schreiben die Teilnehmer alle Tipps und Hinweise auf, die für sie wichtig sind und die sie einmal ausprobieren wollen. Diese Merkpunkte sollten so konkret wie möglich formuliert sein. Ein Merkpunkt wie »Ich will meine Arbeit besser organisieren« nützt wenig. Besser wäre eine Formulierung wie »Ich räume jeden Abend vor dem Verlassen des Büros meinen Schreibtisch leer und mache mir eine Liste, was ich am nächsten Tag erledigen will«.

Nach jeder Lerneinheit macht der Dozent eine kurze Pause und bittet die Teilnehmer, sich die für sie wichtigen Merkpunkte aufzuschreiben. Wenn möglich, sollte unmittelbar vorher eine Zusammenfassung über die zentralen Inhalte der Lerneinheit erfolgen.

Der Bogen kann folgenden Aufbau haben:

Beispiel für einen Transferbogen

Was ich ausprobieren will

Schreiben Sie sich alle wichtigen Punkte auf, die Sie nach dem Seminar einmal ausprobieren wollen. Formulieren Sie die Punkte so, dass sie möglichst konkret sind. Am Ende jeder Zeile können Sie dann später ankreuzen, ob Sie den Punkt umgesetzt haben.

	Merkposten	Termin	erledigt
1.	______________	______	☐
2.	______________	______	☐
3.	______________	______	☐
4.	______________	______	☐
5.	______________	______	☐

Den Transferbogen können Sie ergänzen mit zusätzlichen Hinweisen

- zur Umsetzung,
- zum Umgang mit Transferschwierigkeiten und
- zum Thema Selbstmotivation.

Dann wird aus dem Bogen ein *Transferheft.*

Probieren Sie das Instrument Transferbogen in einem Ihrer nächsten Seminare einmal aus.

Weitere mediale Hilfen werden weiter unten erklärt.

7.4 Teilnehmer auf das Danach vorbereiten

Die Umsetzung des neuen Wissens und der erworbenen Fähigkeiten sowie Fertigkeiten scheitert oft an den *Besonderheiten des Arbeitsplatzes* und den *Besonderheiten der Arbeitsbedingungen.*

An welchen Besonderheiten könnte das Umsetzen der in Ihren Seminaren vermittelten Fähigkeiten und Fertigkeiten scheitern?

Warum die Umsetzung scheitern kann

Zu den wichtigsten Besonderheiten gehören in der Regel folgende Punkte:

- *Mangelnde Gelegenheit*

  Ein Teilnehmer kann beispielsweise nicht delegieren, wenn er keine Mitarbeiterinnen und Mitarbeiter hat. Er kann sein Wissen über Verkaufen am Telefon nicht anwenden, wenn er gar keine Kunden betreut. Und er kann den Computer nicht sinnvoll nutzen, wenn auf seinem Schreibtisch keiner steht.

- *Mangelnde Zeit*
  Viele Teilnehmer geben an, nicht genügend Zeit zu haben, um das neu Erlernte auszuprobieren. Allerdings ist dies auch eine gern benutzte Ausrede.
- *Mangelnde Unterstützung*
  Vorgesetzte, Kolleginnen und Kollegen stehen den mitgebrachten neuen Ideen skeptisch gegenüber und räumen der Kollegin oder dem Kollegen keine Chance ein, die Ideen umzusetzen – getreu dem Motto: »Das haben wir immer so gemacht, das wird nicht geändert.«
- *Mangelnde Ausstattung*
  Ein Seminarleiter kann trotz bester Vorsätze seine Computerseminare nicht optimal gestalten, wenn er zu wenig Übungsplätze hat. Ein Teilnehmer kann keine kundennahen Formulare gestalten, wenn er nicht auf die nötige technische Ausrüstung zugreifen kann.

Schließlich ist ein Grund für mangelnde Umsetzung der *Teilnehmer* selbst. Schnell gerät er wieder in die Alltagsroutine, schnell vergisst er, was er gelernt und sich vorgenommen hat. Und natürlich scheuen viele auch den Aufwand, denn Veränderungen sind immer mit Arbeit verbunden.

Hemmnisse offen ansprechen

Deshalb sollte der Dozent am Ende eines Seminars mögliche Umsetzungsschwierigkeiten und -hemmnisse mit den Teilnehmern besprechen und gemeinsam überlegen, wie sie überwunden werden können. Dafür ist genügend Zeit einzuplanen. Machen Sie deutlich, dass die Umsetzung (fast) nie reibungslos erfolgt.

Methoden zur Vorbereitung auf den Alltag

Um die Teilnehmer auf die Umsetzung des Gelernten im Alltag vorzubereiten, gibt es verschiedene Methoden:

- *Positive Einstimmung auf die Umsetzung*
  Die Umsetzung wird nur dann im gewünschten Maße gelingen, wenn die einzelnen Teilnehmer die Vorteile für sich erkennen. Deshalb ist es für die Teilnehmer motivierend, wenn sie Gelegenheit haben, über die persönlichen Vorteile nachzudenken, die sie bei ei-

ner Umsetzung haben. Dies kann in Einzelarbeit erfolgen. Auch ein Austausch mit dem Tischnachbarn, in der Gruppe oder im Plenum ist möglich. Wichtig ist, dass die individuellen Vorteile für die einzelnen Teilnehmer herausgearbeitet werden.

- *Kartenabfrage*
  Bei einer Kartenabfrage zum Ende des Seminars steht die Frage im Mittelpunkt: »Was nehmen Sie konkret mit?« Daran kann sich dann die Diskussion über Umsetzungshemmnisse und Strategien im Umgang mit diesen Hemmnissen anschließen.
- *Situationsantizipation*
  Die Umsetzung des Gelernten geschieht immer in konkreten Alltagssituationen. Solche Alltagssituationen können im Seminar vorweggenommen und durchgespielt werden, individuell oder in der Gruppe.
- *Rückkehrer-Rollenspiel*
  Wie die Umsetzung erfolgen kann, wie man dabei mit Problemen und Widerständen umgeht, lässt sich gut in einem Rollenspiel testen. Dabei können gleichzeitig unterschiedliche Verhaltensweisen erprobt werden.
- *Unterstützung durch Lernpartner im Seminar*
  Beim Partnergespräch übernimmt eine Lernpartnerin oder ein Lernpartner im Seminar eine Unterstützungsfunktion bei der Umsetzung.

Unterstützung organisieren

Schließlich gibt es Möglichkeiten, bereits im Seminar Unterstützungsmaßnahmen für die Umsetzungsphase anzubieten und zu organisieren. Eine ebenso einfache wie wichtige Maßnahme ist, den Teilnehmern eine Liste mit den Anschriften und den Telefonnummern der Seminargruppe mitzugeben. Sie können aber noch mehr tun:

- *Patenschaften*
  Über das Seminar hinaus können Lernpartner im Kontakt bleiben, um sich bei der Umsetzung zu unterstützen, zu helfen und gegenseitig zu beraten.
- *Netzwerke*
  Teilnehmer aus der gleichen Organisation oder aus einer bestimmten Region treffen sich nach dem Seminar, um gemeinsam ihre Erfahrungen zu diskutieren. Ein solches Netzwerk kann natürlich auch als Telefonkette organisiert werden.

- *Sprechstunde*
  Der Dozent bietet eine feste telefonische Sprechstunde für ehemalige Teilnehmer an. Die Angst, sich dann vor Anrufen nicht mehr retten zu können, ist unbegründet. Nach vorliegenden Erfahrungen wird die Sprechstunde nur bei wichtigen Fragen genutzt.
- *Chat, Foren, E-Mail*
  Die Möglichkeiten des Internets lassen sich gut für Transfermaßnahmen nutzen. So können Anfragen über E-Mail an den Dozenten dokumentiert und zusammen mit der Antwort anderen Teilnehmern zugänglich gemacht werden. Es lassen sich Foren einrichten, die nur für bestimmte Teilnehmergruppen zugänglich sind und in denen Erfahrungen ausgetauscht werden.

Mediale Hilfen

Auch bei den medialen Hilfen gibt es verschiedene Varianten:

- *Brief an sich selbst*
  Beim »Brief an sich selbst« schreiben die Teilnehmer für sich auf, was sie aus dem Seminar mitnehmen und umsetzen wollen. Der Brief wird verschlossen und den Teilnehmern einige Wochen nach dem Seminar zugesandt. Als Variation dieser Methode können sich auch Lernpartner gegenseitig Briefe schreiben.
- *Verpflichtungserklärung*
  Hierbei verpflichten sich die Teilnehmer schriftlich gegenüber sich selbst, nach dem Seminar etwas zu ändern. Diese Methode ist gut geeignet bei Seminaren mit organisationsinternen Arbeitsgruppen. Hier kann die Kontrolle gegenseitig erfolgen.
- *Flipchart als Anker*
  Teilnehmer können sich Flipcharts mit wichtigen Ergebnissen aus dem Seminar mit nach Hause nehmen und an die Wand hängen. So werden sie an die Umsetzung des Gelernten erinnert.
- *Transferaufgaben*
  Bei mehrteiligen Seminaren können zwischen den einzelnen Seminarteilen Umsetzungsaufgaben gestellt und anschließend die Erfahrungen besprochen werden.
- *Selbsteinschätzung*
  Werden im Seminar Bögen zur Selbsteinschätzung eingesetzt, können die Teilnehmer ihr persönliches Ziel- und Wunschprofil in den Bogen eintragen und nach dem Seminar versuchen, diesem Zielprofil näher zu kommen.

Beispiel für Brief an sich selbst

Meine Teilnahme am Seminar ________________ liegt nun bereits einige Wochen zurück. Hier finde ich die wichtigsten Punkte, die ich mir merken und die ich umsetzen wollte.

Aus dem Seminar nehme ich mit

1. ______________________________

____

2. ______________________________

____

3. ______________________________

____

4. ______________________________

____

5. ______________________________

____

6. ______________________________

____

7.5 Umfeld der Teilnehmer einbeziehen

Dem Scheitern vorbeugen

Kollegen und Vorgesetzte und Mitarbeiter stehen neuen Ideen oft skeptisch gegenüber. Das große Problem: Oft ist die Umsetzung des Gelernten in mehr oder weniger großem Umfang davon abhängig, ob Vorgesetzte, Kollegen und Mitarbeiter »mitziehen«. An Ablehnung, Unverständnis oder fehlender Information ist schon mancher Umsetzungsprozess gescheitert. Deshalb sollten Sie immer prüfen, ob nicht zusätzlich zu individuellen Fördermaßnahmen auch das Umfeld mit einbezogen werden muss.

Dies dürfte der Fall sein:

- in *wissensorientierten* Seminaren,
  weil Kollegen und Mitarbeiter mit ähnlichem Aufgabengebiet über neue Erkenntnisse, Vorschriften usw. ebenfalls informiert sein sollten.
- bei *verhaltensorientierten* Seminaren,
  weil die Umsetzung oft mit den Rahmenbedingungen und dem Verhalten anderer in Zusammenhang steht.

Auch hier kann der Dozent bereits im Seminar Hilfestellung leisten.

Wie könnten solche Hilfestellungen bei Ihren Seminarthemen aussehen?

Bericht erstellen

Eine einfache Form der Weitergabe von Informationen, Erkenntnissen und Ergebnissen aus Seminaren ist ein kurzer Bericht. Dieser kann im Rahmen einer Dienstbesprechung gegeben werden. Allerdings gilt es, diesen Bericht so zu gestalten, dass er seine Wirkung auch erzielt. Er muss verständlich, anschaulich und gut strukturiert sein.

Transferfolien austeilen

Ein einfaches Hilfsmittel sind *Transferfolien*. Die wichtigsten Erkenntnisse des Seminars stehen kurz und prägnant auf wenigen Folien und dienen als roter Faden und zur Veranschaulichung bei der Präsentation der Ergebnisse. Der einfachste Weg besteht darin, den Teilnehmern gleich im Seminar entsprechende Folien (oder Papiervorlagen) auszuhändigen, verbunden mit Hinweisen, wie sie zu nutzen sind.

Transferskripten vorbereiten

Transferskripten sind leicht verständliche und ansprechend aufgemachte Einführungen in das Seminarthema. Hier werden die wichtigsten Punkte kurz angesprochen, die Bedeutung für die Praxis herausgestellt und Anleitungen gegeben, wie einzelne Punkte umgesetzt werden sollen. Die Transferskripten sollten nicht mehr als sechs Seiten umfassen und möglichst folgenden Aufbau haben:

Aufbau eines Transferskriptes

■ Motivation	– Warum ist das Thema für Sie wichtig?
■ Orientierung	– Welche Probleme treten in diesem Bereich häufiger auf? – Welche Folgen haben diese Unzulänglichkeiten?
■ Information	– Was sollten Sie wissen? – Worauf sollten Sie achten?
■ Zusammenfassung	– Was sollten Sie sich merken?
■ Anwendung	– Wie können Sie die Erkenntnisse im Alltag nutzen? – Wie gehen Sie am besten vor (Checkliste)? – Wie können Sie den Erfolg kontrollieren?

Fazit: Nur mit einem Bündel von Maßnahmen lässt sich im Seminar eine gute Transferwirkung erreichen. Viele dieser Transferfördermaßnahmen müssen vorab geplant und vorbereitet werden.

Der Transfer ist von vielen Faktoren abhängig

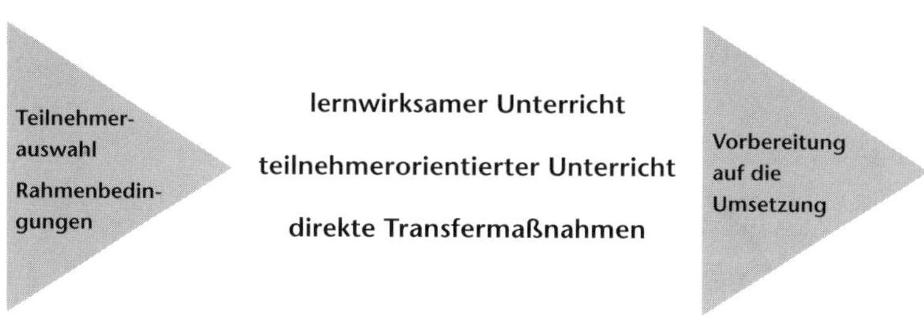

Nur mit einer guten Transferorientierung ist letztlich die Effektivität eines Seminars sichergestellt.

7.6 Umsetzung

1. Schreiben Sie sich alle wichtigen Punkte auf, die Sie umsetzen und ausprobieren wollen.
2. Formulieren Sie die Punkte so, dass sie möglichst konkret sind.
3. Legen Sie fest, welche Punkte Sie in welcher Reihenfolge in Angriff nehmen wollen.
4. Notieren Sie sich eine Frist.
5. Kontrollieren Sie, ob Sie den Punkt fristgerecht umgesetzt haben.

Diese Aspekte möchte ich umsetzen	Priorität	Termin	Erledigt
			☐
			☐
			☐
			☐
			☐
			☐
			☐
			☐
			☐
			☐
			☐
			☐
			☐
			☐

7.7 Fragen zum Verständnis

1. Sie führen ein Fachseminar durch, bei dem es vor allem um die Vermittlung und – nach dem Seminar – um die Anwendung des Wissens geht.

   Welche Transferfördermaßnahmen kommen bei solch einem Fall infrage?

   ____

   ____

   ____

   ____

   ____

   ____

2. Sie führen ein verhaltensorientiertes Seminar – etwa zum Thema Stressbewältigung – durch. Ihr Ziel ist es, das notwendige Hintergrundwissen zu vermitteln, aber auch bei den Teilnehmern eine andere Einstellung gegenüber dem Seminarthema zu erreichen und für bessere Umgangsstrategien im Alltag zu sorgen.

   Welche Transferfördermaßnahmen kommen bei solch einem Fall infrage?

   ____

   ____

   ____

   ____

   ____

   ____

7.8 Reflexions- und Planungsaufgabe

Bitte wählen Sie eine konkrete Transfermaßnahme aus, die Sie in einem Ihrer Seminare ausprobieren wollen.

1. Erläutern Sie, welche Maßnahme Sie vorgesehen haben.

___

___

___

___

___

___

___

2. Beschreiben Sie, wie Sie die Transfermaßnahme in Ihren Unterricht integrieren wollen.

___

___

___

___

___

___

___

8 Methoden auswählen

Es ist nicht nur wichtig, dass Sie als Dozent einen interessanten und abwechslungsreichen Unterricht durchführen und dazu regelmäßig die Methoden wechseln. Genauso wichtig ist, dass Sie die richtige Methode zur richtigen Zeit einsetzen. Welche Methode jeweils passt, ist von verschiedenen Faktoren abhängig. Sie sollten diese Faktoren kennen, um zielgerichtet die richtige Methode zu finden.

Die Auswahl der Methode ist eine der wichtigsten Entscheidungen im Unterricht. Von der richtigen Wahl hängt ab, ob der Unterricht langweilig oder interessant, effizient oder ineffizient, praxisbezogen oder praxisfern ist. Die Wahl der falschen Methode kann die beste Planung zunichte machen.

Dieses Kapitel liefert Ihnen Antworten auf Fragen wie:

- Welche Prinzipien gelten für die Wahl der Methode?
- Von welchen Faktoren hängt die Wahl der Methode ab?
- Wie nutzt man die Vorteile der einzelnen Methoden am besten?
- Welche Methoden gibt es noch?

8.1 Methoden auswählen

Die passende Methode finden

Jede Methode hat ihre Vor- und Nachteile. Es gilt, die passende Methode für die jeweilige Unterrichtssituation zu finden. So können bei der Vermittlung von Kenntnissen u.a. Einzelarbeit, programmierte Unterweisung, Partnerarbeit, ein dozentenzentriertes Gespräch und ein Vortrag geeignete Lehrformen sein. Sollen Fertigkeiten geübt werden, kann dies durch Unterweisung, in Einzelarbeit, Partnerarbeit und in Gruppenarbeit geschehen.

Allgemein gilt: Der Unterricht muss abwechslungsreich sein. Sonst leiden die Konzentration und das Interesse der Teilnehmer.

Unterricht besteht – genau betrachtet – nur aus drei verschiedenen Tätigkeiten:

1. Die Teilnehmer nehmen Informationen auf.
2. Die Teilnehmer geben Informationen weiter.
3. Die Teilnehmer wenden Informationen an.

Welche Tätigkeit steht seitens der Teilnehmer im Vordergrund?

	Informations-		
beim Vortrag	☐ Aufnahme	☐ Weitergabe	☐ Anwendung
beim Gespräch	☐ Aufnahme	☐ Weitergabe	☐ Anwendung
bei der Einzelarbeit	☐ Aufnahme	☐ Weitergabe	☐ Anwendung
bei der Partnerarbeit	☐ Aufnahme	☐ Weitergabe	☐ Anwendung
bei der Gruppenarbeit	☐ Aufnahme	☐ Weitergabe	☐ Anwendung
beim Rollenspiel	☐ Aufnahme	☐ Weitergabe	☐ Anwendung

Am schlechtesten schneidet der Vortrag ab. Er erlaubt den Teilnehmern nur die Aufnahme von Informationen. Einen Wechsel zwischen Informationsaufnahme, -weitergabe und -anwendung erlauben die Methoden Partnerarbeit, Gruppenarbeit und Rollenspiel.

Was müssen Sie bei der Methodenwahl beachten?
Das *erste Prinzip* eines methodisch guten Unterrichts ist der Wechsel zwischen Methoden, bei denen jeweils die Aufnahme, die Weitergabe und die Anwendung im Mittelpunkt stehen.

Methoden wechseln

Das *zweite Prinzip*: Wechseln Sie die Methode rechtzeitig. Ein stundenlanger Vortrag ist ebenso langweilig wie eine entsprechende Demonstration. Wechseln Sie deshalb gerade bei Methoden, wo in erster Linie der Dozent aktiv ist, häufiger.

Rechtzeitig wechseln

Ein *drittes Prinzip* besteht in der möglichst intensiven Berücksichtigung von Methoden wie Gruppenarbeit und Planspiel, bei denen die Aktivität (und Eigenverantwortung) der Teilnehmer hoch ist und Aufnahme, Weitergabe und Anwendung miteinander vermischt sind. Man lernt am besten, wenn man selbst aktiv ist. Zehn Minuten praktische Arbeit kann zu einem besseren Lernerfolg führen als ein langer Vortrag. Lassen Sie deshalb die Teilnehmer möglichst oft selbstständig (aber nicht orientierungslos) arbeiten.

Teilnehmer aktivieren

Das *vierte Prinzip* lautet: Beziehen Sie möglichst soziale Arbeitsformen mit ein. Gemeinsames Lernen ist anregender, als alleine zu arbeiten. Wer über etwas spricht, lernt besser und schneller. Als Nebeneffekt wird dadurch meist auch das soziale Klima verbessert.

Lernen sozial gestalten

8.2 Auswahlkriterien berücksichtigen

Die Wahl der Unterrichtsmethode ist von einer Reihe verschiedener Faktoren abhängig:

- von den Zielen,
- von den Medien,
- von den Teilnehmern und
- vom Dozenten selbst.

Faktoren der Methodenwahl

Methoden und Ziele

Die Methodenwahl hängt sehr eng mit den *Zielen* zusammen – genauer gesagt, mit der Frage der Umsetzung der Ziele. Ziele, die auf die *Vermittlung von Wissen* ausgerichtet sind, erfordern andere Methoden als Ziele, bei denen die *Vermittlung praktischer Fertigkeiten* im Mittelpunkt steht. Dies gilt auch für andere Zielbereiche.

Es gibt Ziele, die sich nur mit ganz bestimmten Methoden erreichen lassen, und es gibt Ziele, die lassen sich mit bestimmten Methoden viel schneller und besser erreichen als mit anderen. Deshalb ist die Zielsetzung neben den Teilnehmervoraussetzungen das entscheidende Kriterium zur Auswahl der Methoden.

Welche Ziele sich mit welchen Methoden besonders gut erreichen lassen, zeigt Ihnen folgende Tabelle:

Übersicht Methoden und Ziele

Ziele / Methode	Vortrag	Gespräch	Einzelarbeit	Partnerarbeit	Gruppenarbeit	Rollenspiel
Informationen vermitteln	X					
Überblick geben	X					
Teilnehmer aktivieren		X	X	X	X	X
Gelerntes anwenden			X	X	X	X
Gelerntes vertiefen		X	X	X	X	X
Verhalten ändern						X
Lernerfolg kontrollieren		X	X	X	X	X

Es gibt auch eine Abhängigkeit von den *Medien*, zumindest insofern, dass sich bestimmte Medien und bestimmte Methoden gut miteinander kombinieren lassen. Fehlt ein passendes Medium, kann dies die Wahl der Methode beeinflussen. Welches Medium sich mit welcher Methode gut kombinieren lässt, ersehen Sie aus dieser Übersicht.

Übersicht Methoden und Medien

Medium / Methode	Vortrag	Gespräch	Einzelarbeit	Partnerarbeit	Gruppenarbeit	Rollenspiel
Overheadprojektor	X			X	X	
Tafel	X					
Flipchart	X	X		X	X	
Stellwand		X		X	X	
Beamer	X					
Video		X			X	

Methoden und Teilnehmer

Die Wahl der Methode ist in besonderem Maße abhängig von den *Teilnehmern*. Denn nur wenn Sie die Vorkenntnisse und die Einstellung der Teilnehmer berücksichtigen, vermeiden Sie das Risiko, die Bedürfnisse der Teilnehmer zu verfehlen und Über- und Unterforderung Tür und Tor zu öffnen.

Der Tabelle können Sie entnehmen, welche Methoden bei unterschiedlichen Vorkenntnissen und Einstellungen der Teilnehmer gut geeignet sind.

Übersicht Methoden und Teilnehmer

Methode / Teilnehmer	Vortrag	Gespräch	Einzelarbeit	Partnerarbeit	Gruppenarbeit	Rollenspiel
Vorwissen bei *allen* Teilnehmern vorhanden		✗				
Vorwissen bei *einigen* Teilnehmern vorhanden		✗		✗		✗
kaum Vorwissen bei den Teilnehmern vorhanden	✗				✗	✗
ablehnende Haltung gegenüber Thema						
sehr unterschiedliche Meinungen		✗				
Teilnehmer mit Lernängsten		✗		✗	✗	

Neigungen des Dozenten

Schließlich ist die Methodenwahl auch vom *Dozenten* abhängig – und das nicht nur in dem Sinne, dass er sie bestimmt. Jeder Dozent favorisiert bestimmte Methoden, weil sie ihm liegen.

- Ist ein Dozent beispielsweise unsicher, wird er eher zu einem Vortrag neigen als zu einem Rollenspiel.
- Ist er ein »kommunikativer Typ«, wird der Dozent im konkreten Fall ein Gespräch einer Einzelarbeit vorziehen.
- Steht der Dozent auf dem Standpunkt, Teilnehmer lernen am besten, wenn sie den Stoff selbst erarbeiten, wird er häufig die Gruppenarbeit als Methode einsetzen.

8.3 Vorteile der einzelnen Methoden nutzen

In der Pädagogik wird unterschieden zwischen *dozentenorientierten* und *teilnehmerorientierten* Verfahren. Diese Unterscheidung hilft bei der Auswahl der richtigen Methode, denn auch hier ist ein regelmäßiger Wechsel zwischen den beiden Formen wichtig und sinnvoll.

Zu den dozentenorientierten Verfahren gehören Vortrag und Gespräch – und damit interessanterweise genau die Methoden, die in der Schule und Hochschule häufig genutzt werden.

Vorträge

Der Vorteil dozentenorientierter Methoden – vor allem des Vortrags – liegt allein in der ökonomischen Vermittlung von Informationen. Allerdings ist die Lernausbeute gering. Vor allem für den Vortrag gilt: Zuhören ist anstrengend, langes Zuhören ermüdet. Die Informationsvermittlung ist häufig so dicht, dass der durchschnittliche Lernende große Schwierigkeiten hat, sich alles zu merken. Deshalb gilt: Lieber mehrere kurze Vorträge, unterbrochen durch andere Lernformen, als einen langen. Am ehesten eignen sich Vorträge für Einführungen, Zusammenfassungen und Wiederholungen.

Gespräche

Das Gespräch – genauer das Lehrgespräch – ist immer dann sinnvoll, wenn die Teilnehmer (unterschiedliche) Vorkenntnisse haben und eigene Erfahrungen einbringen können. Im Gespräch wird der Lernstoff gemeinsam erarbeitet. Das Lehrgespräch ist eine sehr sinnvolle, aber keine einfache Lehrform. Sie erfordert beim Dozenten gutes pädagogisches Geschick und eine ebenso gute Fragetechnik. Sonst wird aus einem Gespräch ein langweiliges Frage-Antwort-Spiel.

Nachteile von Vorträgen und Gesprächen

Diese Methoden haben einen entscheidenden Nachteil: Sie sind dozentenorientiert. Worin besteht der Hauptnachteil des Vortrags und möglicherweise auch des Gesprächs, wenn sich nur wenige und immer dieselben Teilnehmer am Gespräch beteiligen? Die Teilnehmer sind mehr oder weniger in eine passive Rolle gedrängt oder können sich zumindest in eine passive Rolle begeben. Im Zentrum des Unterrichts sollte aber nicht nur das Lehren, sondern auch das Lernen stehen, die selbstständige und eigenverantwortliche Erarbeitung des Stoffes.

Das heißt nicht, dass der Vortrag und das Gespräch keine sinnvollen Methoden sind. Um sie gezielt einsetzen zu können, müssen Sie sich aber über den Stellenwert und die Vor- und Nachteile dieser beiden Methoden im Klaren sein. Leider neigen viele Dozenten – besonders unerfahrene – dazu, den Vortrag zu stark in den Mittelpunkt zu stellen.

Lernkanäle kombinieren

Prüfen Sie immer wieder, ob Sie die Teilnehmer nicht stärker aktivieren können, eigenständig Wissen zu erarbeiten. Prüfen Sie außerdem, ob die Lernkanäle nicht besser genutzt werden können. Denn erst die Kombination verschiedener Kanäle führt zu brauchbaren Lernergebnissen.

Welche der folgenden Methoden nutzt welchen Lernkanal?

1. Gespräch mit Visualisierung
2. Gruppenarbeit
3. Einzelarbeit
4. Vortrag ohne Visualisierung
5. Gespräch ohne Visualisierung
6. Partnerarbeit
7. Vortrag mit Visualisierung

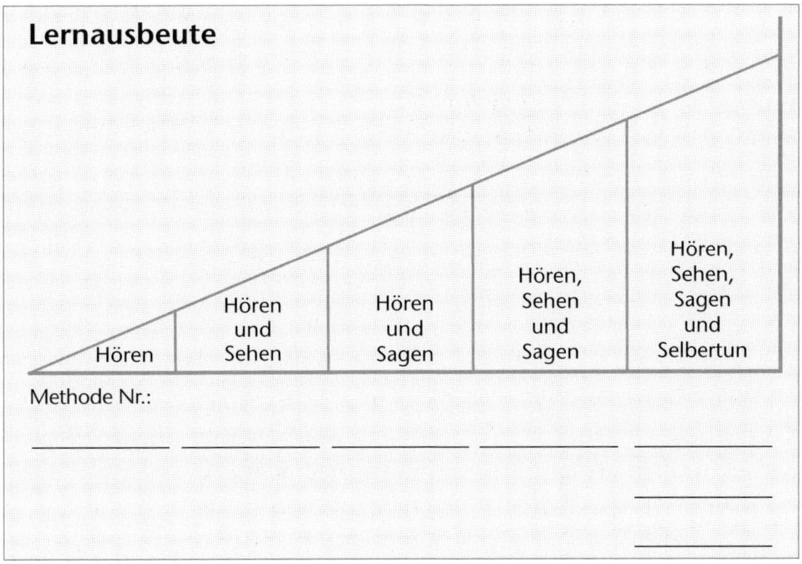

Teilnehmer-zentrierte Verfahren

Hinsichtlich der Aktivität der Teilnehmer, aber auch der Möglichkeiten zur Individualisierung und der Anzahl der angesprochenen Lernkanäle sind *teilnehmerzentrierte* Verfahren – nämlich die Sozialformen Einzelarbeit, Partnerarbeit und Gruppenarbeit – anderen Methoden weit überlegen. Auch das Gespräch schneidet bei den Lernkanälen und der Teilnehmeraktivität noch besser ab als der Vortrag.

Einzelarbeit

Die *Einzelarbeit* nimmt bei den Sozialformen eine Sonderstellung ein, allein schon deshalb, weil sie streng genommen gar keine Sozialform ist. Erst bei der Partnerarbeit und der Gruppenarbeit ist der Austausch von Informationen und eine gemeinsame Erarbeitung notwendig.

Partnerarbeit

Die *Partnerarbeit* ist einfacher zu organisieren, problemloser und auch bei Teilnehmern, die unerfahren in der Gruppenarbeit sind, gut einzusetzen. Sie eignet sich besonders für kleine und kurzzeitige Aufgaben. Die Nachteile: Fünf oder sieben Mitglieder einer Gruppe können eine Aufgabenstellung oft umfassender bearbeiten als zwei Teilnehmer in der Partnerarbeit. Außerdem kann die Präsentation der Ergebnisse der Paare bei großen Seminaren zeitaufwendig und langweilig werden.

Gruppenarbeit

Die *Gruppenarbeit* benötigt vergleichsweise viel Zeit. Dadurch entsteht anscheinend eine ungünstige Zeit-Ergebnis-Relation. Das stimmt aber nur dann, wenn man Teilnehmern allein Fertigkeiten vermitteln will und auf wichtige »Nebenqualifikationen« wie eigenständiges Problemlösen, die Übung in der Handhabung von Hilfsmitteln oder Kommunikations- und Kooperationsfähigkeit keinen Wert legt. Doch der Wert solcher übergeordneten Fähigkeiten, etwa in einem Team zu arbeiten, Meinungen auszutauschen und zu diskutieren, zu kooperieren oder gemeinsam einen Konsens zu finden, kann gar nicht überschätzt werden.

Genug Zeit einplanen

Für Gruppenarbeit und andere Phasen, in denen die Teilnehmer selbstständig etwas erarbeiten, muss der Dozent ausreichend Zeit einplanen. Zwanzig Minuten sind die untere Grenze. Außerdem müssen diese Arbeitsphasen gut geplant und vorbereitet werden. Die Aufgabenstellungen sollten unmissverständlich sowie alle notwendigen Hilfsmittel vorhanden sein.

Aufwand für den Dozenten

Teilnehmerzentrierung bedeutet aber nicht, dass der Dozent nichts mehr zu tun hätte. Im Gegenteil: Die Vorbereitung der Arbeitsphasen (Erstellung von Arbeitsaufträgen und -materialien) ist oft aufwendiger als etwa bei einem Vortrag. Auch während der Durchführung muss der Dozent als Lernberater zur Verfügung stehen. Schließlich ist er verantwortlich für eine adäquate Auswertung der Ergebnisse.

Checkliste zur Auswahl der richtigen Methode

- Eignet sich der Stoff zur selbstständigen Erarbeitung oder sind notwendige Grundlagen im Seminar bereits vermittelt?
  Wenn ja, sollten sich die Teilnehmer den Stoff möglichst selbstständig allein, mit einem Partner oder in einer Gruppe erarbeiten – etwa mithilfe der Methode »Problemfall« (siehe unten).

- Sind bereits Vorkenntnisse über das Thema vorhanden?
  Wenn ja, kann der Stoff auch gemeinsam in Form eines Gesprächs erarbeitet werden. Voraussetzung ist allerdings, dass das Thema sowie die Gruppengröße und -zusammensetzung dies zulassen.

- Sind beide Voraussetzungen nicht erfüllt?
  Dann bietet sich meist ein Vortrag an. Wichtig ist, ihn kurz zu halten und die Möglichkeiten der Veranschaulichung zu nutzen. Allerdings gibt es auch hier alternative Möglichkeiten mit einer besseren Aktivierung der Teilnehmer – etwa Lernprogramme.

8.4 Methodenrepertoire erweitern

Es gibt eine Reihe weiterer bewährter Methoden, die gezielt bei bestimmten Anforderungen und Inhalten eingesetzt werden können.

Bewährte Methoden

Es tauchen auch immer wieder neue Methoden oder Methodenvarianten auf. Besonders ausgeprägt ist dies bei den kreativitätsfördernden Verfahren. Hier gibt es vom »Brainstorming« bis zu »Synetics« einige Methoden, die sich mehr oder weniger voneinander unterscheiden und die sich mehr oder weniger gut im Seminar einsetzen lassen. Zu den bewährten Methoden gehören

- die Unterweisung,
- das Videofeedback,
- das programmierte Lernen,
- die Lernprogramme,
- der Problemfall und
- das Teamteaching.

Unterweisung

Die *Unterweisung* ist eine lang erprobte Methode bei der Aneignung von Fertigkeiten – etwa der Bedienung von Geräten, der Aneignung handwerklicher Fertigkeiten oder der Handhabung von Computerprogrammen. Sie funktioniert nach dem einfachen Grundprinzip »Vormachen – Nachmachen«.

Videofeedback

Das *Videofeedback* dient der Beobachtung und Beurteilung des eigenen Verhaltens sowie der Erprobung von Verhaltensänderungen. Die Aufzeichnung mit Video und die anschließende Analyse der Aufzeichnung wird etwa in Rhetorikkursen oder bei Lehrübungen gern verwandt. Ein Teilnehmer führt eine Übung durch, die anderen Teilnehmer suchen anschließend mit ihm unter der Leitung des Dozenten und unter Zuhilfenahme der Videoaufzeichnung nach Verbesserungsmöglichkeiten. Natürlich geht solch eine Analyse auch ohne Video, doch mit einer Kamera kann man sehr viel detaillierter analysieren und nachprüfen.

Programmierte Unterweisung

Die *programmierte Unterweisung* erlebt derzeit – bedingt durch die zunehmende Leistungsfähigkeit des Computers – eine neue Blüte. Allerdings stehen zurzeit viel zu wenig gute Programme zur Verfügung. Das Angebot konzentriert sich sehr stark auf EDV-Themen.

Lernprogramme

Lernprogramme ersetzen nicht den Unterricht. Im Seminar sollte die Arbeit mit den Programmen nicht länger als eine halbe Stunde beanspruchen. Auch hier gilt: lieber verteilter Einsatz als massiver Einsatz.

Lernprogramme enthalten oft methodische Elemente, die man gut in den Unterricht integrieren kann

- zur Differenzierung und Individualisierung,
- zur Aktivierung,

- zur Veranschaulichung
- sowie zur Entlastung des Dozenten.

Solche Elemente sind etwa:
- Einschätzungstests und Lernkontrollen,
- Übungen und
- Simulationen.

Problemfall

Beim *Problemfall* steht am Anfang eine Aufgabe. Diese Aufgabe sollte der Wirklichkeit möglichst nahe kommen und den Teilnehmern als lösungswürdig und lösungsbedürftig erscheinen.

Die Teilnehmer versuchen, Schritt für Schritt die Aufgabe selbstständig zu lösen. Der Dozent strukturiert lediglich die Situation vor, gibt Hilfestellungen und sorgt für die notwendigen Informationen und Informationsquellen. Die Teilnehmer müssen ihre Wissensdefizite erkennen und diese mithilfe geeigneter Materialien beheben können.

Ablauf beim Problemfall

Ein Problemfall hat folgenden Ablauf:

1. Das Problem stellt sich, wird gefunden oder vorgegeben.
   »Wie kann man eine Adressendatei mit einem Datenbanksystem erstellen?«

2. Lösungsmöglichkeiten und verschiedene Lösungsansätze werden diskutiert.
   »Vielleicht könnte man ...«

3. Aus den Lösungsmöglichkeiten wird ausgewählt. Die Lösung mit den besten Erfolgsaussichten wird übernommen.
   »Die beste Lösung scheint zu sein, wenn man ...«

4. Der Lösungsweg wird festgelegt. Das Vorgehen bei der Lösung des Problems wird diskutiert.
   »Am besten fangen wir damit an, ...«

5. Die zur Lösung notwendigen Informationen werden erfragt oder herausgesucht.
   »Holen wir doch einmal das Handbuch, damit wir ...«

6. Die Lösung wird schrittweise erarbeitet. Es entsteht eine Teillösung nach der anderen.
   »So, das hätten wir, als Nächstes …«

7. Die Richtigkeit der Lösung wird überprüft.
   »Lass das Programm mal laufen, mal sehen …«

8. Der Lösungsansatz wird gegebenenfalls verändert und erneut überprüft. Ist die Lösung nicht richtig, werden andere Lösungswege diskutiert und erprobt.
   »Da stimmt etwas nicht, wir müssen mal versuchen …«

Teamteaching

Fast immer ist es bei Kursen angebracht, zu überlegen, ob es nicht möglich ist, zwei Dozenten einzuplanen. *Teamteaching* hat unbestreitbare Vorteile:

- Zwei Dozenten wissen mehr als einer und können sich ergänzen.
- Durch Teamteaching wird häufig die Vermittlung der Lerninhalte lebendiger und abwechslungsreicher.
- In Arbeitsphasen ist eine bessere Betreuung der Teilnehmer möglich.
- Bei Konflikten mit einem Dozenten kann der zweite als neutraler Part fungieren.
- Zwei Dozenten können während des Seminars die weitere Vorgehensweise und mögliche Änderungen gemeinsam diskutieren.

Diese Vorteile kommen allerdings nur bei einem eingespielten Team zum Tragen. Nachteile sind vor allem in dem erhöhten Zeit- und Kostenaufwand zu sehen.

Es gibt verschiedene Formen des Teamteachings. Man sollte sie kennen, damit man von vornherein die richtige Form für das gemeinsame Arbeiten im Seminar auswählt. Grundsätzlich gibt es *zwei Formen*:

1. die additive Form
2. die integrierte Form

Additives Teamteaching

Bei der *additiven* Form wird in einem Vorgespräch zwischen den Dozenten festgelegt, wer welche Phase im Unterricht übernimmt: die Einführung, die Vorstellung der Inhalte, den Einführungsvortrag usw. Hier ist immer nur ein Dozent verantwortlich und hält die Fäden in der Hand.

Bei der additiven Form gibt es zwei Varianten:

1. ohne Ergänzung
2. mit Ergänzung

Der zweite Dozent hält sich also entweder ganz zurück oder verabredet mit seinem Kollegen, dass er Ergänzungen einbringen kann. Am besten meldet er sich dazu, wie die Teilnehmer auch. Der Hauptdozent kann dann entscheiden, ob er seinem Kollegen gleich das Wort übergibt oder erst noch einen Gedanken bzw. einen Abschnitt zu Ende führen will.

In keinem Fall darf dieses Ergänzungsrecht dazu missbraucht werden, dass der zweite Dozent den Unterricht übernimmt. Er sollte sich so verhalten wie alle anderen Teilnehmer auch. Diese additive Form bietet sich immer dann an, wenn man erste Erfahrungen im gemeinsamen Durchführen von Seminaren sammeln will.

Integriertes Teamteaching

Eingespielte Teams können zum so genannten *integrierten* Teamteaching übergehen. Bei dieser Form gestalten beide den Unterricht gemeinsam. Sie wechseln sich beim Vortragen und beim Führen des Gespräches ab.

Auch hier gibt es zwei Varianten:

1. ohne Rollen
2. mit Rollen

Ein Teamteaching ohne Rollen ist die normale Form. Besonders spannend für die Teilnehmer ist es allerdings, wenn die Dozenten bestimmte Rollen einnehmen – einer etwa die des Theoretikers, der immer wieder auf die Wissenschaft verweist, und einer die des Praktikers, der vor allem die Alltagstauglichkeit in den Mittelpunkt stellt.

8.5 Umsetzung

1. Schreiben Sie sich alle wichtigen Punkte auf, die Sie umsetzen und ausprobieren wollen.
2. Formulieren Sie die Punkte so, dass sie möglichst konkret sind.
3. Legen Sie fest, welche Punkte Sie in welcher Reihenfolge in Angriff nehmen wollen.
4. Notieren Sie sich eine Frist.
5. Kontrollieren Sie, ob Sie den Punkt fristgerecht umgesetzt haben.

Diese Aspekte möchte ich umsetzen	Priorität	Termin	Erledigt
			☐
			☐
			☐
			☐
			☐
			☐
			☐
			☐
			☐
			☐
			☐
			☐
			☐
			☐

8.6 Fragen zum Verständnis

Bitte sehen Sie sich folgende Unterrichtssituationen an.

1. Sie haben ein Thema, bei dem Sie nicht wissen, ob Vorkenntnisse bei den Teilnehmern vorhanden sind. Wie gehen Sie methodisch vor?

   ____

   ____

2. Sie haben ein Thema, dass derzeit in der Öffentlichkeit emotional diskutiert wird (etwa Quotenregelung, Geschwindigkeitsbeschränkungen auf Autobahnen). Sie möchten die Teilnehmer zu einer sachlichen Sichtweise führen. Wie gehen Sie methodisch vor?

   ____

   ____

3. Sie schulen Führungskräfte und möchten das Verhalten der Teilnehmer bei der Leitung von Besprechungen verbessern. Wie gehen Sie methodisch vor?

   ____

   ____

4. Sie möchten mit den Teilnehmern über ihre persönlichen Erfahrungen mit Stress sprechen. Allerdings ist das Klima im Seminar noch sehr »unterkühlt«. Kaum einer würde sich über solch ein persönliches Thema offen äußern. Wie gehen Sie methodisch vor?

   ____

   ____

8.7 Planungsaufgabe

Bitte legen Sie eine Unterrichtseinheit aus einem Ihrer Seminare zugrunde. Welche Methoden setzen Sie in den einzelnen Phasen ein? Begründen Sie bitte Ihre Wahl.

Thema der Unterrichtseinheit ______________________________

Motivation

Dauer	Inhalte in Stichworten	Methode(n)
____________	____________________	____________________
	____________________	____________________
	____________________	____________________

Begründung

____

____

____

Orientierung

Dauer	Inhalte in Stichworten	Methode(n)
____________	____________________	____________________
	____________________	____________________
	____________________	____________________

Begründung

____

____

____

Vermittlung/Erarbeitung

Dauer Inhalte in Stichworten Methode(n)

Begründung

Übung/Anwendung

Dauer Inhalte in Stichworten Methode(n)

Begründung

Wiederholung

Dauer Inhalte in Stichworten Methode(n)

Begründung

Lernkontrolle

Dauer Inhalte in Stichworten Methode(n)

Begründung

9 Medieneinsatz planen

Zu einer guten Unterrichtsplanung gehört auch die Planung des Medieneinsatzes. Ihnen als Dozenten stehen mehrere Unterrichtsmedien zur Verfügung. Allerdings gibt es nur immer eines, das in einer speziellen Unterrichtssituation am besten geeignet ist. Es gilt, das richtige Medium auszuwählen und es richtig einzusetzen, um die Vorteile der einzelnen Medien zu nutzen.

Dieses Kapitel liefert Ihnen Antworten auf Fragen wie:

- Welche Arten von Medien gibt es?
- Welche Vor- und Nachteile haben die einzelnen Medien?
- Wie können die einzelnen Medien im Unterricht zielgerichtet eingesetzt werden?

9.1 Mit Medien unterstützen

Es gibt sehr unterschiedliche Medien – angefangen beim Arbeitsblatt und Zeitungsausschnitt über Folien und Dias bis zu Filmen und Geräten wie dem Computer.

Arten von Medien

Es gibt auch viele verschiedene Möglichkeiten, die unterschiedlichen Medien zu ordnen, etwa

- nach der *Art der Aufnahme* in
  - visuelle (Folie, Arbeitsblatt, Tafel, Dias),
  - auditive (Schallplatte, Kassette, Hörfunk) und
  - audiovisuelle Medien (Film, Fernsehen, Video, Tonbildschau);

- oder nach ihrer *Nähe zur Wirklichkeit* in
  - reale Medien (Computer, Werkzeuge),
  - Nachbildungen (Modelle, Experimente),
  - Abbildungen (Fotos, Filme),
  - symbolische Darstellungen (Grafiken, Texte);

- oder einfach nach ihrer *Funktion im Unterricht* in
  - Lernmedien (Arbeitsblätter, Beispieltexte) und
  - Lehrmedien (Folien, Filme).

Jede dieser Einteilungen hat ihre Berechtigung: So wird die Einteilung in *visuelle, auditive* und *audiovisuelle* Medien dann wichtig, wenn man weiß, dass die einen Teilnehmer besser durch Aufnahme über das Gehör, andere dagegen eher durch das Auge lernen. Deshalb sollte auf beide Gruppen Rücksicht genommen werden.

Nähe zur Wirklichkeit

Je näher ein Medium an der Wirklichkeit ist, desto anschaulicher ist es. Allerdings gibt es Ausnahmen: Eine *Nachbildung* oder *Abbildung* kann die Merkmale eines Gegenstandes in bestimmten Fällen viel deutlicher herausarbeiten und damit einen hohen Stellenwert für das Lernen haben. Außerdem lässt sich nicht jeder Lerngegenstand mit ins Seminar bringen. Wenn möglich, ist eine Kombination von realem Gegenstand und Abbildung oder Nachbildung meist die beste Lösung.

Beispiel

Zur Erläuterung der Begriffe »Inland, Ausland, Gemeinschaftsgebiet usw.« für Zwecke der Umsatzsteuer kann die Projektion einer Landkarte mit den Umrissen von Deutschland und Europa die Abgrenzung der einzelnen Gebiete besser verdeutlichen als eine theoretische Erläuterung.

Generell gilt: Medien sollten so anschaulich und realitätsnah wie möglich sein. Sie sollten aber auch den Lernprozess unterstützen, indem sie Strukturen und Zusammenhänge vermitteln helfen.

Lernmedien

Lernmedien sind Arbeitshilfen für die Teilnehmer: Alle Medien für die praktische Arbeit oder für Partner- und Gruppenarbeit – wie zum Beispiel Handbücher, Leittexte, Arbeitsblätter, Beispielaufgaben und Lernprogramme – können als Arbeitshilfen eingestuft werden. Die Lernmedien sollen den Teilnehmer unterstützen und die eigenständige Arbeit fördern. Welchen Anforderungen sollen Arbeitshilfen genügen?

Funktionen von Arbeitshilfen

Arbeitshilfen sollten:

- den Dozenten entlasten
- die Aktivität des Lernenden fördern
- ein leichteres Erreichen der Lernziele sicherstellen
- Übungen beinhalten und Wiederholungen gestatten
- den Lernstoff übersichtlich, strukturiert und didaktisch aufbereitet darbieten helfen
- eine Übertragung des Gelernten auf ähnliche Aufgaben fördern

Anforderungen an Arbeitshilfen

Für Arbeitshilfen gelten – wie generell für alle im Seminar eingesetzten schriftlichen Materialien – bestimmte Anforderungen:

- Sie sollten sprachlich so formuliert sein, dass Verständnisschwierigkeiten ausgeschlossen sind. Achten Sie besonders auf Fachbegriffe: Sie müssen grundsätzlich immer erklärt werden.
- Arbeitsaufträge müssen präzise beschrieben sein.
- Beispiele sollten aus dem Erfahrungsbereich der Teilnehmer stammen.
- Eine gute Gliederung sollte ebenso selbstverständlich sein wie Visualisierungen und Zusammenfassungen.

Lehrmedien

Lehrmedien dienen der Unterstützung des Dozenten: Arbeitshilfen unterstützen den *Lern*prozess, Präsentationsmedien den *Lehr*prozess. Sie helfen dem Dozenten, Inhalte zu vermitteln, Vorträge zu gestalten und Gespräche zu strukturieren.

Die vier wichtigsten Lehrmedien sind:

1. Tafel (klassische Schultafel, Whiteboard)
2. Stellwand (Metaplanwand oder Pinnwand genannt)
3. Flipchart (auch als Papiertafel bezeichnet)
4. Overheadprojektor (»Proki«, »Polilux«, Tageslichtschreiber)

Diese vier Medien stehen im Mittelpunkt der folgenden Überlegungen.

9.2 Vorteile einzelner Medien nutzen

Overheadprojektor, Tafel, Flipchart oder Stellwand – jedes dieser vier Medien hat seine Schwächen und seine Stärken.

Rufen Sie sich Ihre eigenen Erfahrungen ins Gedächtnis und überlegen Sie bitte für jedes Medium: Worin liegen seine Vorteile für den Unterricht? Worin seine Nachteile? Schreiben Sie diese in Stichworten auf.

Overheadprojektor

Vorteile	Nachteile

Tafel

Vorteile

Nachteile

Flipchart

Vorteile

Nachteile

Stellwand

Vorteile

Nachteile

Um einen direkten Vergleich zu haben, füllen Sie bitte für die vier Medien die folgende Matrix aus. Beurteilen Sie jeweils:

Merkmal / **Medium**	große Arbeitsfläche	Änderungen nicht möglich	Vorbereitung möglich	variabel einzusetzen	leicht zu transportieren
Overheadprojektor					
Stellwand					
Flipchart					
Tafel					

Die Vor- und Nachteile aus der Übung weisen schon auf die Einsatzmöglichkeiten hin.

9.3 Overheadprojektor richtig einsetzen

Vorträge visualisieren

Der Overheadprojektor ist gut geeignet, um bei einem Vortrag als Visualisierungshilfe zu dienen. Durch verschiedene Folientechniken – wie Übereinanderlegen mehrerer Folien (Overlay-Technik) oder das Beschriften halb fertiger Folien – lässt sich dieses Medium sehr variabel einsetzen, auch bei der Erarbeitung von Stoff zusammen mit den Teilnehmern. Besonders interessant für den Unterricht ist die Möglichkeit, Zeichnungen, Comics u. Ä. auf Folien zu kopieren und zur Motivation einzusetzen.

Aber gerade bei Folien gilt der Spruch »Weniger ist oft mehr«. Das abwertende Wort »Folienschleuder« existiert nicht zufällig. Viele Dozenten setzen den Overheadprojektor zu intensiv ein. Besser ist die Kombination verschiedener Medien.

9.4 Stellwand richtig einsetzen

Ergebnisse dokumentieren

Haupteinsatzgebiet der Stellwand ist die Dokumentation von Ergebnissen eines Unterrichtsgesprächs. Mithilfe von farbigen Karten können Sie an der Stellwand aber auch gut Strukturen Schritt für Schritt entwickeln. Dies bietet sich vor allem beim Vortrag und beim Gespräch an.

Beispielsweise können Sie Karten vorbereiten und folgendermaßen an einer Stellwand anbringen:

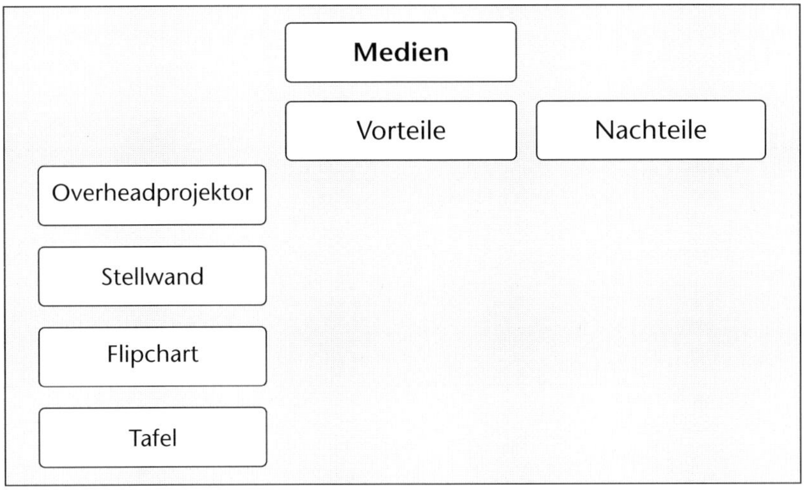

Einsatz einer Stellwand im Unterricht

Eine solche Stellwand könnte die Grundlage für das Erarbeiten von Vor- und Nachteilen der jeweiligen Medien im Unterricht sein.

Auch einfache Grafiken lassen sich mit Karten in verschiedenen Farben und Formen gestalten. Solch eine Grafik mit Karten lässt sich beispielsweise bei der Besprechung des Themas »Tischanordnung im Unterricht« nutzen.

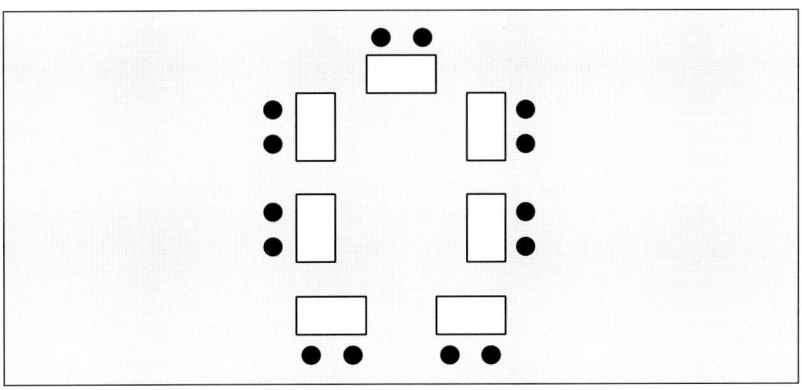

Einsatz von Karten als Visualisierungshilfe

Die Karten könnten umgruppiert werden, damit andere Tischanordnungen demonstriert und besprochen werden.

Denken Sie an eines Ihrer Seminare und überlegen Sie:

In welchen Phasen Ihres Unterrichts könnten Sie statt einer Folie die Stellwand einsetzen?

Gibt es Phasen, in denen Sie auch einfache Karten-Grafiken einsetzen könnten?

9.5 Flipchart richtig einsetzen

Das Flipchart lässt sich im Unterricht gut einsetzen, wenn Sie etwas Wichtiges notieren wollen – sei es ein einzelner Begriff, das Ergebnis eines Gesprächs oder die hauptsächlichen Punkte eines Vortrags. Gruppenergebnisse sind ebenfalls gut auf Flipchartblättern zu visualisieren.

Blätter aufhängen

Ein großer Vorteil besteht darin, dass Sie beschriebene Blätter im Seminarraum aufhängen können. Die Teilnehmer haben dann wichtige Ergebnisse stets vor Augen.

Bewährt hat sich ein solches Verfahren auch bei anderen wichtigen Informationen für die Teilnehmer:

- etwa Themenfolge des Seminars
- Pausen- und Essenszeiten

- Termine für gemeinsame Veranstaltungen in der Freizeit
- Meckerplakat, wo jeder jederzeit notieren kann, was ihm im Seminar nicht gefällt

Sie können das Flipchart sogar zum hauptsächlichen Medium des Unterrichts machen:

Schreiben Sie auf das erste Blatt die Gliederung Ihres Vortrags. Nehmen wir an, Sie halten einen Vortrag über Medien. Dann könnte das Blatt folgendermaßen aussehen.

Gliederung des Vortrags

Unterrichtsmedien

1. Folie
2. Stellwand
3. Flipchart
4. Tafel

Schreiben Sie den ersten Punkt der Gliederung auf das nächste Blatt und füllen Sie das Blatt nach und nach aus:

Erster Gliederungspunkt

Medium Nr. 1: Overheadprojektor

1. verschiedene Techniken benutzen
2. Projektor nicht zu früh einschalten
3. Bild nicht verdecken
4. Folie richtig auflegen

Ein Blatt pro Punkt

Jeder Gliederungspunkt kommt auf ein neues Blatt. Zwischendurch können Sie immer wieder auf das erste Blatt zurückgehen, um den Teilnehmern die Gliederung erneut ins Gedächtnis zu rufen.

Denken Sie an eines Ihrer Seminare und überlegen Sie: Wann können Sie in Ihrem Unterricht das Flipchart sinnvoll einsetzen?

Ein Nachteil des Flipcharts besteht darin, dass der Dozent den Teilnehmern beim Schreiben den Rücken zuwenden muss.

9.6 Tafel richtig einsetzen

Die Tafel ist ein umweltfreundliches Medium. Sie erfüllt ähnliche Funktionen wie das Flipchart. Allerdings können Sie weder zurückblättern noch Ergebnisse aufhängen. Dafür bietet sie eine große Schreibfläche.

Vorteile Gut einzusetzen sind so genannte Whiteboards, die sich zusammenklappen lassen. Auf diese Weise können Sie eine Tabelle oder Grafik vorbereiten und diese Tafelseite erst im Unterricht aufklappen.

Weitere Vorteile der Whiteboards sind:

- Sie machen sich mit Kreide nicht mehr die Hände schmutzig.
- Es gibt keine nasse Tafel, auf der man nicht richtig schreiben kann.
- Der Kontrast ist besser.

Nachteil Wie beim Flipchart besteht der Nachteil der Tafel darin, dass der Dozent die Teilnehmer beim Schreiben aus dem Blick verliert.

Achten Sie darauf, dass Sie zum Schreiben spezielle Whiteboard-Stifte verwenden.

Welches der vier Präsentationsmedien ist für folgende Unterrichtssituationen geeignet?

Unterstützung eines Vortrages

OH-Projektor	☐ gut geeignet	☐ geeignet	☐ nicht geeignet
Stellwand	☐ gut geeignet	☐ geeignet	☐ nicht geeignet
Flipchart	☐ gut geeignet	☐ geeignet	☐ nicht geeignet
Tafel	☐ gut geeignet	☐ geeignet	☐ nicht geeignet

Ergebnissicherung im Gespräch

OH-Projektor	☐ gut geeignet	☐ geeignet	☐ nicht geeignet
Stellwand	☐ gut geeignet	☐ geeignet	☐ nicht geeignet
Flipchart	☐ gut geeignet	☐ geeignet	☐ nicht geeignet
Tafel	☐ gut geeignet	☐ geeignet	☐ nicht geeignet

Durchführung und Auswertung einer Gruppenarbeit

OH-Projektor	☐ gut geeignet	☐ geeignet	☐ nicht geeignet
Stellwand	☐ gut geeignet	☐ geeignet	☐ nicht geeignet
Flipchart	☐ gut geeignet	☐ geeignet	☐ nicht geeignet
Tafel	☐ gut geeignet	☐ geeignet	☐ nicht geeignet

Vortrag

Zur Unterstützung eines *Vortrags* ist der Overheadprojektor am besten geeignet. Er ist sehr variabel einzusetzen, und Sie können Folien gut vorbereiten.

Gespräch

Die Ergebnissicherung im *Gespräch* lässt sich gut mithilfe von Karten und der Stellwand erreichen. Vorteile dieses Mediums: Die Karten können jederzeit umgehängt werden. Die Erarbeitung der Karten kann dabei nicht nur im Gespräch erfolgen, sondern auch Teil einer vorgeschalteten kurzen Einzel-, Partner- oder Gruppenarbeit sein.

Gruppenarbeit

Auch zur Durchführung und Auswertung einer *Gruppenarbeit* eignet sich die Stellwand besonders gut. Werden in der Gruppe die Ergebnisse auf Karten geschrieben, dann kann aus den Einzelergebnissen der verschiedenen Gruppen auf einer Stellwand ein Gesamtergebnis zusammengestellt werden.

Weitere Medien

Es gibt nicht nur diese vier Präsentationsmedien, auch wenn sie am häufigsten eingesetzt werden. Es gibt weitere Möglichkeiten zur Visualisierung. Dazu zwei Beispiele:

- *Reale Gegenstände*
  Wenn sie nicht zu groß oder zu klein sind, können Gegenstände, über die Sie sprechen, mit in den Unterricht gebracht werden. Ein größeres Maß an Anschauung ist nicht zu erreichen.
- *Filme*
  Filme sprechen Augen und Ohren gleichermaßen an. Zur Veranschaulichung eignen sich eher kurze Filmsequenzen als ganze Filme. Auch zur Wiederholung oder als zusätzliche Lernhilfen sind Filme gut geeignet. Über das Gezeigte sollte anschließend immer gesprochen werden. Die einzige Ausnahme von dieser Regel bilden Filmsequenzen, die als Wiederholung eingesetzt werden.

Einsatz begründen

Will der Dozent ganze Filme oder längere Sequenzen zeigen, muss er *vorab* erläutern, warum er den Film einsetzt und worauf die Teilnehmer achten sollen. Oft empfiehlt es sich, unterschiedliche Beobachtungsaufgaben zu stellen. Das erleichtert die Auswertung. *Nach* dem Filmeinsatz erfolgt die Auswertung. Dies kann entweder im Plenum oder in Partner- oder Gruppenarbeit geschehen. Die Ergebnisse werden vorgetragen, diskutiert und zusammengefasst. Bei offenen Fragen sollte der Dozent sich nicht scheuen, Teile des Filmes noch einmal zu zeigen.

Wenn Sie einen Film oder ein Video im Unterricht einsetzen, achten Sie darauf, dass es nicht zu lang ist. Setzen Sie nur Sequenzen ein, die wenige Minuten lang sind.

Je länger der Film ist, desto genauer sollten Sie vorher (er)klären, worauf die Teilnehmer achten sollen.

Film- und Videosequenzen lassen sich vielfältig im Unterricht nutzen:

- als Einstimmung auf ein Thema
- als Einleitung für ein Gespräch oder eine Diskussion
- als Grundlage für eine Partner- oder Gruppenarbeit
- als Kontrolle des Wissensstandes und des Problembewusstseins der Lerngruppe (»Wie beurteilen Sie das Verhalten von Herrn X?«, »Würden Sie sich auch so verhalten?«)

Überprüfen Sie, welche Lehrfilme es für Ihre Themen gibt. Fragen Sie bei Stadt- und Kreisbildstellen, bei den Referaten für Öffentlichkeitsarbeit von großen Behörden und Industrieunternehmen nach. Auch Bildungseinrichtungen wie Universitäten haben häufig eine eigene Mediathek.

9.7 Umsetzung

1. Schreiben Sie sich alle wichtigen Punkte auf, die Sie umsetzen und ausprobieren wollen.
2. Formulieren Sie die Punkte so, dass sie möglichst konkret sind.
3. Legen Sie fest, welche Punkte Sie in welcher Reihenfolge in Angriff nehmen wollen.
4. Notieren Sie sich eine Frist.
5. Kontrollieren Sie, ob Sie den Punkt fristgerecht umgesetzt haben.

Diese Aspekte möchte ich umsetzen	Priorität	Termin	Erledigt
			☐
			☐
			☐
			☐
			☐
			☐
			☐
			☐
			☐
			☐
			☐
			☐
			☐
			☐

9.8 Fragen zum Verständnis

1. Welches Medium eignet sich am besten dazu, einen Vortrag zu unterstützen? Begründen Sie Ihre Meinung.

2. Welches Medium ist während eines Gesprächs am besten zur Ergebnissicherung geeignet? Begründen Sie Ihre Meinung.

3. Welches Medium ist bei der Durchführung und Auswertung einer Gruppenarbeit am besten als Hilfe geeignet? Begründen Sie Ihre Meinung.

9.9 Reflexionsaufgabe

Nehmen Sie die CD-ROM zur Hand und sehen Sie sich die Videosequenz *»Vortragstechnik und Medieneinsatz«* an.

Wie beurteilen Sie den Medieneinsatz und den Umgang mit den Medien durch den Dozenten? Was beurteilen Sie positiv, was negativ?

Positiv

Negativ

10 Unterrichtseinheiten bilden

Der beste Vortrag und das schönste Gespräch nützen wenig, wenn die Teilnehmer kein Interesse am Stoff entwickeln, ihnen der rote Faden fehlt oder sie nicht genug Zeit haben, sich mit dem Stoff auseinander zu setzen. Deshalb ist es wichtig, den Unterricht so aufzubauen, dass der Lernprozess der Teilnehmer so gut wie möglich unterstützt wird.

Dazu gehört nicht nur die Vermittlung oder Erarbeitung des Stoffs. Dazu gehört auch eine Motivationsphase, eine Orientierungsphase und eine Anwendungsphase. Alle Phasen zusammengenommen ergeben eine Unterrichtseinheit, d. h. einen thematischen Block.

Eine solche Unterteilung des gesamten Unterrichts in Unterrichtseinheiten hilft, den Unterricht zu strukturieren und auch für die Teilnehmer durchschaubarer zu machen. Wenn sich der Aufbau dieser Unterrichtseinheiten an den Lernbedürfnissen der Teilnehmer orientiert, kann gleichzeitig eine gute Lernunterstützung sichergestellt werden.

Dieses Kapitel liefert Ihnen Antworten auf Fragen wie:

- Woraus besteht eine Unterrichtseinheit?
- Wie gestaltet man den Einstieg in das Thema?
- Wie schafft man Übersicht?
- Wie sichert man die Anwendung des Gelernten?

10.1 Unterricht strukturieren

Bedingungen des Lernerfolgs

Der Erfolg des Lernens im Unterricht ist wie jede andere Lernsituation von bestimmten Bedingungen abhängig:

- Zuerst muss der Lernende ein ausreichendes Interesse entwickeln, um sich überhaupt mit dem Lerngegenstand auseinander zu setzen. Er muss *motiviert* sein.
- Danach muss er sich dem Lernstoff nähern, um dessen Bedeutung und Struktur kennen zu lernen. Er muss *orientiert* sein.
- Jetzt erschließt sich der Lernende die Inhalte. Er *informiert* sich.
- In der nächsten Stufe wendet der Lernende den Lernstoff an. Der Lernende *übt und festigt* das neue Wissen. Er *wiederholt* es.

Dies sind die Stufen eines normalen Lernprozesses. Alle Stufen sind für erfolgreiches Lernen notwendig. Deshalb müssen sie im Unterricht Berücksichtigung finden.

Pausen einplanen

Die Unterrichtseinheiten sollten mit der Konzentrationsfähigkeit der Teilnehmer im Einklang stehen. Das bedeutet: Spätestens nach 45 Minuten sollte entweder eine Einheit abgeschlossen sein und eine Pause folgen. Oder: Die Einheit dauert 90 Minuten, unterbrochen von einer Pause.

Jeder Lernstoff kann und sollte als Unterrichtseinheit mit folgenden Phasen umgesetzt werden:

1. Einstieg (Motivation)
2. Übersicht (Orientierung)
3. Darbietung und Erarbeitung des Stoffes (Information)
4. Anwendung (Übung und Festigung)
5. Kontrolle und Wiederholung

Die fünfte Stufe hat aus der Sicht des Dozenten einen zusätzlichen Aspekt: Er muss auch überprüfen, ob die Teilnehmer den Stoff verstanden haben, ob sie noch Fragen haben oder welche Wiederholungen notwendig sind.

Unterrichtseinheiten müssen zeitlich beschränkt sein. Diese Forderung ergibt sich aus der begrenzten Fähigkeit der Teilnehmer, sich längere Zeit zu konzentrieren.

Konzentrationskurve

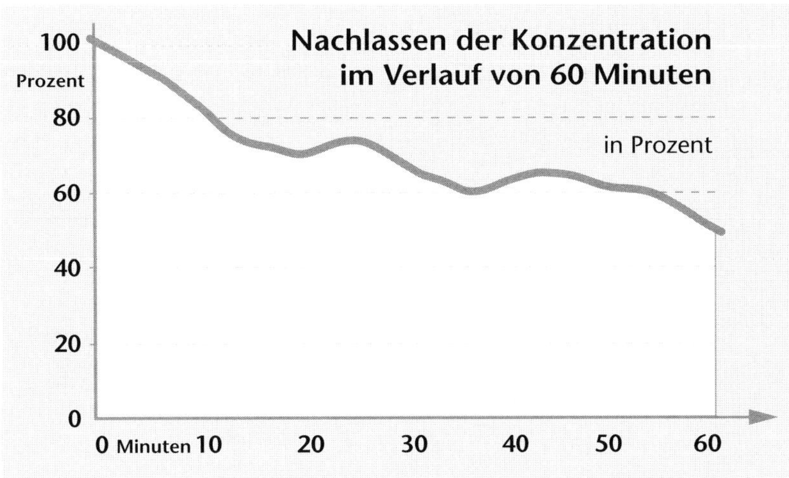

Am besten können sich Teilnehmer in den ersten zehn Minuten einer Lerneinheit konzentrieren. Dieser Wert schwankt. Er ist davon abhängig, wie lange die Pause vor der Einheit war, welche Tageszeit es ist, wie müde die Teilnehmer sind usw.

Konzentrationskurve beachten

Um diese kostbaren Minuten auszunutzen, sollten Sie die Motivationsphase nicht zu lange ausdehnen und schnell die Übersicht anschließen. Bietet der Dozent den Stoff dar, d. h., trägt er vor, sollte er dazu die nächsten zehn bis 15 Minuten nutzen. Hier ist die Aufmerksamkeit noch recht hoch. Mindestens die Hälfte der Zeit bis zur nächsten Pause sollte für das Üben und Festigen vorbehalten bleiben.

Erarbeiten die Teilnehmer den Stoff gemeinsam mit dem Dozenten im Gespräch, kann diese Phase länger sein, da die Informationsdichte nicht so hoch ist wie beim Vortrag. Auf diese Weise werden die Teilnehmer auch nicht so schnell müde.

Daraus ergeben sich verschiedene Bausteine der Unterrichtseinheit:

Bestandteile des Unterrichts

Binnendifferenzierung einer Unterrichtseinheit

- Einstieg
  1. Motivation
  2. Orientierung
- Information
  - Vortrag
  - Gespräch
- Übung
  - Einzelgespräch
  - Partnerarbeit
  - Gruppenarbeit
  - Rollenspiel
- Wiederholung
- Ggf. Kontrolle

Die Reihenfolge ist nicht immer zwingend: Die Orientierung kann vor der Motivation stehen, die Wiederholung vor der Übung.

Grundsätzlich sollte sich an einen Vortrag ein Gespräch anschließen, um offene Fragen zu klären. Eine Partner- und Gruppenarbeit wird durch ein anschließendes Gespräch ausgewertet.

Natürlich gibt es auch andere Verläufe, vor allem wenn man hauptsächlich mit Einheiten von 90 Minuten arbeitet. Dennoch sollte keine Phase vergessen werden. Denken Sie auch immer an die Konzentrationskurve.

10.2 Den Einstieg gestalten

Der Einstieg ist eine besonders wichtige Phase. Hier entscheidet sich, ob Sie Ihre Teilnehmer für das Thema motivieren können oder nicht. Davon hängt ab, ob sie in den nächsten Minuten interessiert mitmachen oder nur mit einem Ohr hinhören.

Möglichkeiten des Einstiegs

Als Einstieg sind gut geeignet:
- ein Rollenspiel, wenn es in motivierender Weise zum Thema hinführt.
- eine kurze Geschichte oder ein aktueller Bezug, wenn sie dieselbe Funktion erfüllen.
- eine provokante oder überraschende Aussage, wenn sie ins Schwarze trifft.
- eine Videosequenz, wenn sie anregend, passend und nicht zu lang ist.
- ein Sketch, wenn er nicht zu überzogen ist und die Atmosphäre im Seminar dies zulässt.
- ein Rätsel oder ein Experiment, wenn es mit dem Thema verzahnt ist und sich daraus Aussagen zum Thema ableiten lassen.
- ein Fallbeispiel, wenn es einen direkten Bezug zur Situation der Teilnehmer hat oder der Fall sie aus anderen Gründen interessiert.

Wenig oder nicht geeignet sind *Witze*. Dazu ein Beispiel:

Beispiel

Das Thema der Stunde ist die Neuregelung des Pensionsrechts. Der Dozent eröffnet die Stunde mit den Worten: »Eigentlich ist mein Vortrag nicht praxisnah, denn Beamte werden schließlich nicht pensioniert, sondern umgebettet.«

Diskriminierende Witze meiden

Das Beispiel spricht für sich: Mit einem solchen Anfang wird zwar (hoffentlich) ein Lacherfolg erreicht. Es gelingt aber selten, ohne Motivationsabfall mit dem Thema fortzufahren. Hinzu kommt, dass dieser Witz – wie viele andere auch – eine soziale Gruppe diskriminiert. Das wiederum kann einige Teilnehmer negativ berühren.

Schlechte Einstiege

Ein Gespräch *über den gemeinsamen gestrigen Abend* ist aus ähnlichen Gründen problematisch. Zwar ist dies wahrscheinlich motivierend, die Motivation ist aber auch hier nicht themenbezogen.

Zusammenfassungen und *Wiederholungen* haben keinen motivierenden Effekt. Sie gehören zur Phase »Übersicht«.

Teilnehmervorträge, Prüfungen oder Dozentenvorträge sind als Einstieg gänzlich ungeeignet.

So gelingt der Einstieg

Möglichkeiten für Anfänge

- Anknüpfen an
  - Wünsche der Teilnehmer
  - Interessen der Teilnehmer
  - Erfahrungen der Teilnehmer
  - bekannte Geschehnisse
- Verblüffung durch
  - Aufzeigen von Widersprüchen
  - Infragestellen
  - überraschende Tatsachen
  - Behauptungen
  - ungewöhnliches Verhalten
- Einstieg über
  - eine Videosequenz, Dias u. a.
  - ein Comic, eine Witzzeichnung
  - einen Fall, ein Beispiel
  - einen Versuch, ein Experiment
  - einen stummen Impuls
  - ein vorher abgesprochenes Rollenspiel oder ein Sketch

Generell sind an die Motivation drei Anforderungen zu stellen:

1. Sie muss eine hohe Motivationskraft besitzen.
2. Sie muss themenbezogen sein.
3. Sie sollte eine Aktivierung der Teilnehmer ermöglichen.

Bitte versuchen Sie die folgenden kurzen Stundenanfänge richtig einzuordnen. Um welche der genannten Formen handelt es sich dabei?

1. In einem Kurs über Lerntechniken bittet der Dozent die Teilnehmer zu Beginn zu versuchen, mit der rechten Hand über den Kopf hinweg das linke Ohr zu anzufassen. Nach dieser Aktion sagt er: *»Ich gratuliere, Sie sind schulreif. Das ist eine Übung aus dem Schulreifetest, und das ist auch unser Thema: Was ist Lernen und wie überprüft man Lernen?«*

   Um was für einen Anfang handelt es sich? Wie beurteilen Sie den Motivationswert dieses Anfangs?

   ___

2. In einem Seminar über richtiges Telefonieren sagt der Dozent: *»In diesem Kurs lernen Sie nichts Neues.«* Er macht eine Pause und ergänzt: *»Denn Sie machen vieles instinktiv richtig, nur setzen Sie Ihr Können nicht richtig ein.«*

   Um was für einen Anfang handelt es sich? Wie beurteilen Sie den Motivationswert dieses Anfangs?

   ___

3. In einer Lerneinheit über Schreibtischorganisation zeigt der Dozent ein Transparent, auf dem hinter riesigen Aktenbergen, die sich auf dem Schreibtisch stapeln, gerade noch ein verschüchterter »Besitzer« zu sehen ist. Er sagt dazu: *»Vielleicht sieht es bei Ihnen nicht ganz so schlimm aus. Aber: Wer hat nicht Probleme mit seiner Ablage?«*

   Um was für einen Anfang handelt es sich? Wie beurteilen Sie den Motivationswert dieses Anfangs?

   ___

Es handelt sich in Beispiel 1 um ein Experiment, in Beispiel 2 um eine überraschende Aussage und in Beispiel 3 um einen Einstieg über einen Comic. Der Motivationswert ist bei allen drei Beispielen hoch.

Wie Sie sehen, gibt es viele Möglichkeiten, Teilnehmer für ein Thema zu interessieren. Wichtig ist in erster Linie nicht, *wie Sie motivieren, sondern dass Sie motivieren.* Viele Dozenten vergessen dies.

10.3 Übersicht schaffen

Den roten Faden erklären

Eine Übersicht über das Thema, eine erste Orientierung hilft den Teilnehmern beim Lernen. Ein roter Faden hilft verstehen, die Informationen einzuordnen.

Orientierung soll helfen, den Teilnehmern die Struktur des Stoffes deutlich zu machen. Sie soll ihnen zeigen, welche Lernschritte als Nächstes anstehen. Es gilt, Bezüge zu vorhandenem Wissen herzustellen.

Die Bedeutung der Orientierung lässt sich gut vergleichen mit der Funktion eines Stadtplans.

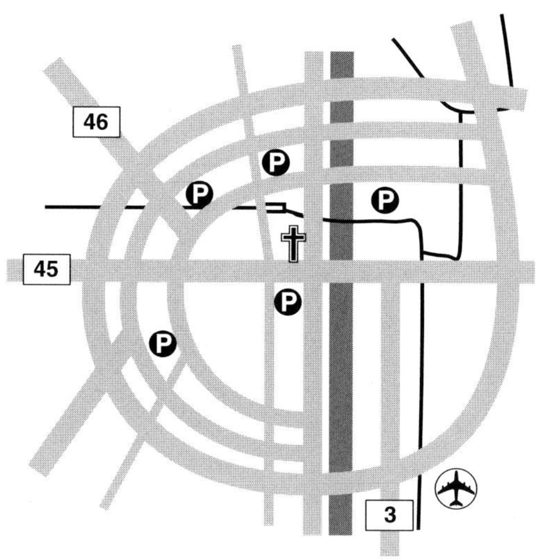

Auf diesem Stadtplan sind nur die wichtigsten Straßen und die markanten Punkte angegeben. Trotzdem beziehungsweise gerade deshalb ist der Plan eine gute Hilfe, um sich zurechtzufinden.

Die Kunst besteht darin, die Vielzahl an Informationen auf die wenigen zentralen Aspekte zu reduzieren, die eine gute Orientierung abgeben. Der Lernende darf nicht durch zu viele Details verwirrt werden.

Generell lassen sich alle Möglichkeiten der Orientierung zu Beginn einer Lerneinheit einteilen in *Vorschau, Rückschau* und *Bezug* zu den Erfahrungen der Teilnehmer.

Orientierung durch Vorschau

Vorschau umfasst alle Maßnahmen, die sich auf die anstehende Unterrichtseinheit beziehen:

- Übersichten über den Lernstoff in Form einer Stichwortliste, rhetorischer Fragen oder einer Grafik
- Angabe des Themas der Lerneinheit, der Ziele und Beschreibung des Vorgehens

Orientierung durch Rückschau

Durch eine *Rückschau* erfolgt eine Einbettung der Lerneinheit. Im Mittelpunkt stehen die Fragen:

- Was haben wir bisher durchgesprochen?
- Wie schließt sich die aktuelle Unterrichtseinheit an?
- Welchen Stellenwert hat diese Unterrichtseinheit im gesamten Seminar?

Orientierung durch Bezüge

Der *Bezug zu den Erfahrungen der Teilnehmer* schafft Anknüpfungspunkte über Analogien und Beispiele:

- Worüber sprechen wir hier?
- In welcher Beziehung steht das zu Ihrer Arbeit, zu Ihren Erfahrungen und Erkenntnissen im Alltag?

Motivation und Orientierung sind nicht als einmalige Aktion zu verstehen. Sie sollten es nicht dabei belassen, die Teilnehmer einmal zu motivieren und einmal zu orientieren.

Während der gesamten Unterrichtseinheit sollten Motivation und Orientierung als Lernhilfen immer wieder nach folgendem Schema eingesetzt werden:

Anfangsmotivation — Verlaufsmotivation
Anfangsorientierung — Verlaufsorientierung

Möglichkeiten der Verlaufsmotivation

Für die *Verlaufsmotivation* stehen prinzipiell dieselben Möglichkeiten zur Verfügung wie für die *Anfangsmotivation*. Eine gute *Verlaufsorientierung* erreichen Sie neben den bekannten Mitteln der Rückschau und der Vorschau durch:

- Hervorheben wichtiger Inhalte
- Herausstellen zentraler Punkte
- Zusammenfassungen
- Analogien
- Vergleiche
- Herausarbeiten von Zusammenhängen, Ähnlichkeiten und Gemeinsamkeiten
- Strukturschemata, Übersichtsgrafiken

Eine wichtige Orientierungshilfe ist es auch, den Teilnehmern ihren Lernfortschritt aufzuzeigen.

10.4 Stoffvermittlung planen

Im Anschluss an den Einstieg und die Orientierungsphase erarbeiten die Teilnehmer den Stoff oder der Dozent stellt ihn dar. Für die Vermittlung kommen zwei Hauptmethoden infrage:

1. rein dozentenorientiert als Vortrag
2. zumindest teilweilse teilnehmerorientiert als Gespräch

Wenn Sie einen Vortrag halten, sollten die Teilnehmer am Ende der Ausführungen Gelegenheit haben, Fragen zu stellen.

Varianten der Vermittlung

Zu diesen beiden Hauptmethoden gibt es verschiedene Varianten:

- Kurzvortrag mit anschließendem Gespräch
- darstellend-erarbeitendes Gespräch
- fragend-erarbeitendes Gespräch
- Einzelarbeit mit anschließender Auswertung
- Partnerarbeit mit anschließender Auswertung
- Gruppenarbeit mit anschließender Auswertung
- Rollenspiel mit anschließender Auswertung

Außerdem sind Kombinationen dieser Methoden möglich.

10.5 Anwendung des Gelernten sichern

Durch Übungen können Sie den Teilnehmern die Möglichkeit geben, das Gelernte anzuwenden. Die Notwendigkeit von *Übungen* ergibt sich direkt aus der Vergessenskurve.

Vergessenskurve

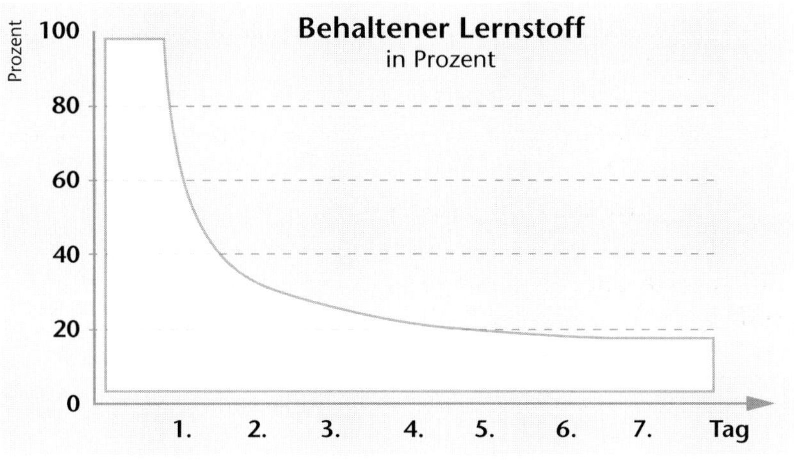

Bereits nach einem Tag haben die Teilnehmer über 40 Prozent des Gelernten wieder vergessen, nach sieben Tagen sind es über 80 Prozent.

Effekte der Anwendung

Erst durch die Anwendung wird sichergestellt, dass

- das Gelernte nachhaltig genug vermittelt wird,
- die Übertragbarkeit des Erlernten im Alltag erleichtert wird,
- die Teilnehmer sich intensiv genug mit dem Lerngegenstand beschäftigen,
- der Dozent und die Teilnehmer selbst kontrollieren können, ob sie den Stoff verstanden haben und umsetzen können.

Struktur einer Übung

Die Lernenden können das erworbene Wissen in Übungen anwenden. Eine *Übungsphase* hat dabei folgende Grundstruktur:

- Aufgabenstellung der Übung deutlich machen (am besten in schriftlicher Form): »Ihre Aufgabe: Bitte überlegen Sie ...«
- Erwartetes Ergebnis nennen:
  »Am Ende sollen Sie ...«
- Dauer der Übung angeben:
  »Sie können jetzt 20 Minuten alleine ...«

- Hilfsmittel/Medien bereitstellen:
  »Bitte benutzen Sie bei der Arbeit ...«
- Ggf. Arbeitspaare und -gruppen zusammenstellen:
  »Lösen Sie die Aufgabe bitte zusammen mit ...«
- Bei Bedarf den Lernfortschritt kontrollieren:
  »Kommen Sie zurecht?«
- Übungsphase beenden:
  »So, gleich ist die Zeit um. Bitte ...«
- Übung (gemeinsam) auswerten:
  »Wer von Ihnen hat...«

Es ist sehr wichtig, dass Sie die Aufgabenstellung so formulieren, dass die Teilnehmer sie auch verstehen und nicht überhören. Dass Sie diesen Hinweis nicht unterschätzen sollten, macht folgendes Experiment deutlich.

Lesen Sie bitte die Aufgaben 1 bis 5 aufmerksam durch, bevor Sie etwas tun. Stoppen Sie die Zeit. Sie haben für die Aufgaben drei Minuten Zeit.

1. Schreiben Sie die fünf Phasen einer Unterrichtseinheit auf.

2. Nennen Sie fünf Möglichkeiten der Motivation.

3. Warum ist die Orientierung zu Beginn einer Unterrichtseinheit wichtig?

___

___

4. Aus welchem lernpsychologischen Prinzip ergibt sich die Notwendigkeit einer Übungsphase?

___

___

5. Bitte bearbeiten Sie keine dieser Aufgaben. Es sollte nur ein Test sein, ob Sie genau genug die Anweisungen lesen.

Viele, die diese Art Test nicht kennen, fallen auf ihn herein und beginnen die Aufgabe zu lösen. Warum? Weil sie genauso schnell etwas überlesen, wie Ihre Teilnehmer eine Anweisung überhören.

Problemen vorbeugen

Mit *Arbeitsanweisungen* gibt es in der Praxis immer wieder Probleme. Teilnehmer tun häufig erst *nach* der Übung kund, sie hätten die Aufgabe nicht verstanden. Da die Arbeitsphase in diesen Fällen zu einem Ergebnis führt, das vom Dozent nicht gewollt war, sollten Sie sich mit der Anweisung besonders viel Mühe geben.

Der oberste Grundsatz für Arbeitsanweisungen lautet: Fomulieren Sie die Aufgabe schriftlich.

Um das Verständnis zu überprüfen, reicht die Frage »Haben Sie alle verstanden?« *nicht*. Besser ist es, wenn Sie die Anweisung wiederholen lassen.

Arbeitsblätter

Die Alternative zu Arbeitsanweisungen sind Arbeitsblätter. Ein *Arbeitsblatt* sollte folgende drei Informationsblöcke enthalten:

1. Was soll getan werden (Aufgabe)?
2. Wie soll es getan werden (Methode)?
3. Welches Ergebnis wird erwartet (Ziel)?

Tipps für das Erstellen von Arbeitsblättern

Bei Arbeitsblättern sollten Sie außerdem folgende Punkte beachten:

- Stellen Sie eine Überschrift voran.
- Erläutern Sie die Aufgabe unmissverständlich und ausführlich.
- Achten Sie besonders auf eine verständliche Sprache. Verwenden Sie einfache Begriffe und einfache Sätze.
- Vermeiden Sie Fachausdrücke; lassen sich diese nicht vermeiden, erläutern Sie sie ausführlich.
- Formulieren Sie möglichst anschaulich, verwenden Sie Beispiele und Vergleiche.
- Lockern Sie den Text auf, bauen Sie Abbildungen und Grafiken ein.
- Führen Sie neue Inhalte so ein, dass an die Vorkenntnisse der Nutzer angeknüpft wird.
- Gliedern Sie das Arbeitsblatt übersichtlich in gut erkennbare Abschnitte.
- Nutzen Sie die Möglichkeit zu Hervorhebung im Text (größere Schrift, Sperren, Fettdruck, Unterstreichen u. a.), aber übertreiben Sie nicht.
- Tabellen und Grafiken sollten eine Überschrift oder Beschreibung erhalten.
- Lassen Sie ausreichend Platz für Notizen.

Achten Sie darauf, dass die Übung nur den Stoff enthält, der vorher besprochen wurde.

Vermeiden Sie bei den Übungen Unterforderung durch eintöniges Wiederholen des Gelernten sowie Überforderung durch zu komplizierte Aufgaben.

Bezug zur Praxis schaffen

Außerdem ist der Bezug zum (beruflichen) Alltag wichtig. Die Aufgaben sollten die Fähigkeiten und Fertigkeiten fördern, die für die Praxis wichtig sind. Schließlich sollten Sie überlegen, ob für Ihren Unterricht nicht Übungen mit unterschiedlichem Schwierigkeitsgrad, mit unterschiedlichem Umfang und mit unterschiedlichem Schwerpunkt sinnvoll sind. Der Vorteil: Sie können unterschiedliche Vorkenntnisse und unterschiedliche Lerntempi auffangen.

Ergebnisse auswerten

Genauso viel Beachtung sollten Sie der *Auswertungsphase* widmen. Übungen, bei denen es nur eine Lösung gibt, sind nicht immer möglich und sind auch nicht immer sinnvoll. Bei allen Übungen muss eine Auswertung erfolgen, bei der die wesentlichen Ergebnisse angesprochen, verglichen und diskutiert werden. Die Ergebnisse sollten für alle sichtbar auf dem Flipchart, der Stellwand oder auf einer Folie festgehalten werden.

10.6 Wiederholungen anbieten

Auch Wiederholungen sind ein notwendiger Bestandteil des Lernprozesses. Sie sollte allerdings nicht stereotyp erfolgen nach dem Motto: »*Ich darf noch einmal zusammenfassen.*«

Teilnehmer einbeziehen

Bei Wiederholungen sollten die Teilnehmer einbezogen und damit aktiviert werden. Auf diese Weise werden die Wiederholungen lernwirksamer und haben auch einen gewissen Kontrollaspekt. Wiederholungen können auch spielerisch ausfallen, beispielsweise als Wettbewerb oder als Rätsel.

Einige Möglichkeiten:

- Eine Gruppe formuliert Fragen zum Thema, die eine andere Gruppe beantworten soll.
- Die Teilnehmer erarbeiten ein Strukturschema zum Unterrichtsstoff.
- Jeder Teilnehmer beschreibt einen Begriff, ohne ihn zu nennen. Die anderen Teilnehmer müssen den Begriff erraten.

Im Mittelpunkt sollten das Strukturwissen und das Anwendungswissen stehen. Bitte lassen Sie nicht nur Fakten auflisten oder abfragen.

Skript austeilen

Um die Wiederholung des Gelernten auch nach dem Seminar noch zu unterstützen, sollte jeder Seminarteilnehmer ein *Skript* bekommen, in dem er später die wichtigen Inhalte des Seminars nachschlagen kann.

Skripten sind also eine Notwendigkeit. Zu den häufigsten Fragen am Anfang eines Seminars zählen: »*Müssen wir mitschreiben?*« und »*Bekommen wir etwas Schriftliches?*«

Auf Folien aufbauen

Allerdings ist das Erstellen eines Skriptes recht arbeitsaufwendig. Als Grundlage für das Skript können Sie Ihre Folien benutzen. Häufig möchten die Teilnehmer sie ohnehin haben, weil sie nicht alles abschreiben wollen. Deshalb können Sie aus der Not eine Tugend machen, indem Sie zu den Folien einige erläuternde Sätze schreiben und dies dann als Skript ausgeben.

Im nächsten Schritt können Sie dann den Text didaktisieren, mit Übersichten, Übungen, Fragen zum Verständnis anreichern, um so eine Lernunterlage zu schaffen. Ein Inhalts- und Stichwortverzeichnis sowie vielleicht noch ein Glossar runden das Skript ab.

Grundgedanke dabei ist: Die Teilnehmer müssen auch den Text verstehen und mit dem Skript arbeiten können, ohne am Unterricht teilgenommen zu haben.

Natürlich sind auch Ansprüche an die Text- und Seitengestaltung zu stellen. Ein Skript muss

- in der Wortwahl und im Satzbau verständlich sein.
- durch Beispiele, Fälle, Vergleiche, Abbildungen anschaulich sein.
- durch Übersichten, Abschnitte, Zusammenfassungen, Hervorhebungen gut strukturiert sein.

Schließlich ist auf ein gutes Layout zu achten. Das Skript soll zum Lesen einladen. Es darf nicht abschrecken.

Miniskript

Es kann Vorteile haben, den Teilnehmern pro Thema oder pro Baustein Ihres Unterrichts ein eigenes Miniskript zu geben:

- Sie brauchen nur die Teilskripten abzugeben, die Sie tatsächlich im Unterricht behandelt haben.
- Sie können mit dem Austeilen des jeweiligen Skripts deutlich machen, dass jetzt ein Unterrichtsabschnitt beendet ist.
- Sie brauchen nicht mit separaten Übungsblättern zu arbeiten.

Zeitpunkt der Übergabe

Damit ist auch gleich die Frage beantwortet, wann Sie das Skript den Teilnehmern geben sollten. Es gibt drei verschiedene Möglichkeiten:

1. Sie schicken es ihnen vorab zu. Nachteil: Kaum ein Teilnehmer wird es durcharbeiten – obwohl dies eine sehr gute Vorbereitung auf den Unterricht wäre.

2. Sie teilen das Skript am Anfang des Unterrichts aus. Nachteil: Die Teilnehmer blättern, fragen nach, wo Sie jetzt sind, beschweren sich, weil etwas im Skript fehlt oder anders formuliert ist.
3. Sie geben das Skript am Ende des Seminars aus. Nachteil: Die Teilnehmer wissen nicht, was sie mitschreiben sollen.

Sie sehen, jede Methode hat deutliche Nachteile. Vielleicht sind Teilskripten ein guter Weg, diese Nachteile zu minimieren.

Teilnehmer vorab informieren

In jedem Fall sollten Sie den Teilnehmern gleich zu Beginn des Seminars sagen,

- wann sie das Skript erhalten,
- wie das Skript aufgebaut ist,
- welche Funktionen es erfüllen soll (Nachschlagen, Wiederholen, Erleichterung der Mitschrift)
- und wie sie mit dem Skript arbeiten können.

10.7 Unterricht kontrollieren

Separate Kontrolle

Lernkontrollen müssen sein. Ohne sie können Sie als Dozent erstens nicht überprüfen, ob die Teilnehmer die Lernziele erreicht haben, ob sie alles richtig verstanden und verinnerlicht haben. Zweitens wissen Sie nicht, ob Ihr Unterricht dem Anspruch genügt, den Sie mit Ihren Zielen und der Inhaltsauswahl gesetzt haben.

Generell gibt es zwei Möglichkeiten der Kontrolle:

1. integriert in den Unterricht
2. separat am Ende

Die Überprüfung des Gelernten am Ende einer Einheit als eine Form der Wiederholung hat einen Vorteil, aber auch einen Nachteil:

- Der Vorteil liegt in der Möglichkeit, präzise Informationen darüber zu erhalten, was die Teilnehmer gelernt haben und was nicht.
- Der Nachteil liegt in dem Prüfungscharakter der Kontrollen.

Die Kontrolle kann erfolgen:

- durch Fragen oder durch Aufgaben
- in mündlicher oder schriftlicher Form

Sechs Schritte zur Kontrolle

Die klassische Vorgehensweise bei der Entwicklung von *Kontrollfragen* und *-aufgaben* umfasst sechs Schritte und beginnt bei den Lernzielen.

Schritt 1: Die Lernziele werden festgelegt.

Schritt 2: Die Lernziele werden operationalisiert, d.h. als beobachtbares Verhalten definiert.

Schritt 3: Aus den operationalisierten Lernzielen werden Fragen und Aufgaben abgeleitet.

Beispiel:	*Textverarbeitung mit Word*
Lernziel:	*Die Teilnehmer sollen eine Datei aufrufen können.*
operationalisiertes Lernziel:	*Die Teilnehmer kennen die Befehlsfolge zum Aufruf einer Datei und können sie anwenden.*
Kontrollaufgabe:	*Bitte rufen Sie in Word die Datei Baum.doc auf.*

Schritt 4: Die Kontrollaufgabe wird durchgeführt und ausgewertet.

Schritt 5: Zu allen Zielen, die nicht von einem bestimmten Prozentsatz der Teilnehmer erreicht wurden, plant der Dozent Wiederholungen ein.

Schritt 6: Nach den Wiederholungen erfolgt eine erneute Kontrolle. Falls notwendig, werden weitere Wiederholungen eingeplant.

Arten von Kontrollaufgaben

Bei der Aufgabenkonstruktion können Sie auf folgende Möglichkeiten zurückgreifen:

- *Entscheidungsfrage*

  Beispiel: Das Gespräch ist eine Unterrichtsmethode.

  ☐ stimmt ☐ stimmt nicht

- *Multiple-Choice-Frage*

  Beispiel: Welche der folgenden Begriffe gehören nicht zu den Methoden des Unterrichts?

  ☐ Vortrag ☐ Partnerarbeit
  ☐ Flipchart ☐ Rollenspiel

- *Zuordnungsfrage*
  Beispiel: Ordnen Sie die folgenden Begriffe den Überschriften Methoden und Medien zu:
  Stellwand, Overhead, Gruppenarbeit, Vortrag, Tafel, Planspiel

- *Umordnungsfrage*
  Beispiel: Bringen Sie die Phasen einer Unterrichtseinheit in die richtige Reihenfolge:

___ Kontrolle	___ Wiederholung
___ Orientierung	___ Vermittlung
___ Übung	___ Motivation

- *Freie Kurzantwort*
  Beispiel: Nennen Sie vier Präsentationsmedien.

  ____

  ____

  ____

  ____

- *Ergänzungsantwort*
  Beispiel: Unterrichtseinheiten sollten nicht länger als ___ Minuten dauern.

- *Lückentext*
  Beispiel: Jede Unterrichtseinheit sollte als Einstieg mit einer

  _______________ und einer _______________ beginnen.

  Daran schließt sich die _______________ phase an. Die beiden Hauptmethoden sind hier _______________ und

  _______________ .

- *Korrekturaufgabe*
  Beispiel: Bitte korrigieren Sie die folgende Reihenfolge der Phasen einer Unterrichtseinheit:
  1. Orientierung
  2. Motivation
  3. Übung
  4. Kontrolle
  5. Vermittlung
  6. Wiederholung

- *Problemstellungsaufgabe*
  Beispiel: Bitte erarbeiten Sie für ein frei wählbares Unterrichtsthema eine vollständige Beschreibung einer Unterrichtseinheit.

Ein solches Verfahren ist sehr aussagekräftig, aber auch sehr aufwendig. Es bietet sich vor allem bei Kursen an, die mit einer Prüfung abschließen und bei denen sichergestellt werden muss, dass alle Teilnehmer möglichst den gesamten Lernstoff verstanden und behalten haben.

In allen anderen Seminaren bieten sich Verfahren an, die weniger aufwendig oder stärker in den Unterricht integriert sind.

Selbst- oder Fremdkontrolle

Bei der Kontrolle der Ergebnisse gibt es zwei verschiedene Möglichkeiten:
1. die *Selbstkontrolle* durch den Teilnehmer
oder
2. die *Fremdkontrolle* durch den Dozenten.

Selbstkontrolle

Hauptvorteil der Selbstkontrolle ist, dass mangelnde Leistung und falsche Antworten und Lösungen den anderen Teilnehmern nicht bekannt werden. Leistungsschwache Teilnehmer bleiben anonym. Selbstkontrolle ist ein erwachsenengerechtes Verfahren, dass keine Ängste vor Blamagen aufkommen lässt. Allerdings erhält nur der Teilnehmer eine Rückmeldung über seinen Leistungsstand, der Dozent aber nicht. Deshalb ist eine Kombination von Selbst- und Fremdkontrolle sinnvoll.

Wortkarten einsetzen

Ein bewährtes Verfahren für die Kontrolle am Ende einer Lerneinheit sind *Wortkarten.* Der Dozent schreibt wichtige Begriffe einer Unterrichtseinheit auf jeweils eine Karte. Er hängt die Karten an die Pinnwand und lässt jeden Teilnehmer eine Karte nach freier Wahl abnehmen. Anschließend nimmt jeder Teilnehmer in wenigen Sätzen zu dem Stichwort auf seiner Karte Stellung.

Die Karte, die als Erste an die Reihe kommt, ist mit einem roten Punkt markiert. Der Teilnehmer, der glaubt, sein Stichwort passt zum ersten, schließt sich mit seinen Erläuterungen an. Dies geht so weiter, bis der letzte Teilnehmer sein Statement abgegeben hat.

Eine Variante besteht darin, die Teilnehmer eine Karte ziehen zu lassen, die Wahl des Stichworts also nicht freizustellen.

Vorteile der Kontrolle mit Wortkarten

Sie erfahren mit dieser Abfrage zweierlei:

1. Können die Teilnehmer zu den einzelnen Stichwörtern fundiert Stellung nehmen? Haben sie die Hauptaussagen der Lerneinheit verinnerlicht?
2. Halten sie eine plausible Reihenfolge bei der Präsentation der Karten ein? Ist ihnen der rote Faden und die Struktur der Lerneinheit noch in Erinnerung?

Motivation und Orientierung sind nicht nur zu Beginn einer Unterrichtseinheit wichtig, sondern auch *während* des gesamten Unterrichtsverlaufs. Genauso sind Kontrollen nicht nur am Ende einer Einheit möglich und sinnvoll, sondern auch in den Verlauf integrierbar.

Auf Rückmeldungen achten

Genau betrachtet ist Unterricht eine Folge von Informationen und Rückmeldungen – und Rückmeldungen sind Kontrollen. Beim Gespräch wird dies besonders deutlich: Mit jeder Antwort erhält der Dozent Informationen darüber, was die Teilnehmer wissen und was nicht. Dasselbe gilt für die Auswertungsphasen bei Einzel-, Partner- und Gruppenarbeit. Lediglich beim Vortrag fehlt diese Rückkopplung. Deshalb ist hier ein anschließendes Gespräch sinnvoll.

Möglichkeiten für integrierte Kontrollen

Nutzen Sie die vielen Gelegenheiten, die sich im Unterricht für Kontrollen eröffnen, z. B.

- bei der Analyse von Videosequenzen,
- durch eingestreute, kurze Phasen mit Einzel- und Partnerarbeit,
- durch Fälle und Beispiele,
- bei der Besprechung von Texten, Übersichten und Grafiken,
- bei der Auswertung von Gruppenarbeit und schließlich
- bei Wiederholungen.

10.8 Umsetzung

1. Schreiben Sie sich alle wichtigen Punkte auf, die Sie umsetzen und ausprobieren wollen.
2. Formulieren Sie die Punkte so, dass sie möglichst konkret sind.
3. Legen Sie fest, welche Punkte Sie in welcher Reihenfolge in Angriff nehmen wollen.
4. Notieren Sie sich eine Frist.
5. Kontrollieren Sie, ob Sie den Punkt fristgerecht umgesetzt haben.

Diese Aspekte möchte ich umsetzen	Priorität	Termin	Erledigt
			☐
			☐
			☐
			☐
			☐
			☐
			☐
			☐
			☐
			☐
			☐
			☐
			☐
			☐

10.9 Fragen zum Verständnis

1. Warum ist es wichtig, die einzelnen Phasen im Unterricht zu berücksichtigen?

   - die Motivationsphase

   ____

   - die Orientierungsphase

   ____

   - die Übungsphase

   ____

   - die Kontrollphase

   ____

2. Bei der Orientierung kann man unterscheiden zwischen Vorschau (auf den kommenden Lernstoff), Rückschau (auf bereits Gelerntes) und dem Bezug auf den (Arbeits-)Alltag. Nennen Sie Beispiele für diese drei Möglichkeiten:

   - Vorschau durch

   ____

   - Rückschau durch

   ____

   - Bezug der Teilnehmer durch

   ____

10.10 Planungsaufgabe

Wählen Sie drei beliebige Themen aus und nennen Sie je eine Möglichkeit, um die Teilnehmer für diese Themen zu interessieren:

1. Thema:

___

Ideen, um Interesse zu wecken:

___

___

2. Thema:

___

Ideen, um Interesse zu wecken:

___

___

3. Thema:

___

Ideen, um Interesse zu wecken:

___

___

10.11 Reflexionsaufgabe

Bitte sehen Sie sich die Videosequenz »*Einstieg in eine Unterrichtseinheit*« an.

Konzentrieren Sie sich dabei auf die Aspekte Motivation und Orientierung sowie auf das Dozentenverhalten. Was beurteilen Sie positiv, was negativ?

Positiv

Motivation

___

Orientierung

___

Dozentenverhalten

___

Negativ

Motivation

___

Orientierung

___

Dozentenverhalten

___

Glossar

didaktisch-methodischer Fachbegriffe

A

Arbeitsanweisung

Anweisung für eine →Übung. Da es häufig bei den Teilnehmern zu Missverständnissen kommt, was sie genau tun sollen, sollten Arbeitsanweisungen möglichst schriftlich erfolgen und klar formuliert sein.

Arbeitsblatt

Grundlage für eine Erarbeitung oder Übung.
Arbeitsblätter sollten folgende Elemente enthalten:
- Überschrift
- klar beschriebener, klar gegliederter Auftrag
- Hinweise zur Durchführung
- erwartetes Ergebnis
- Hinweise zur Organisation

Arbeitsklima

Wichtige Grundbedingung für einen erfolgreichen Unterricht. Das Arbeitsklima ist u.a. abhängig vom →Dozentenverhalten, von der →Gruppendynamik und von der Unterrichtsgestaltung. Es sollten Methoden bevorzugt werden, bei denen die Teilnehmer miteinander ins Gespräch kommen.

Assoziationen

Voraussetzung für die Einbettung neuen Wissens im Gedächtnis. Wichtige Aufgabe des Dozenten ist es deshalb, Assoziationen zu schaffen, Neues mit Bekanntem zu verknüpfen.

B

Beispiel

Beispiele machen Stoff anschaulich und praxisnah. Achten Sie darauf, dass das Beispiel wirklich zum Stoff passt – zu häufig wird Lernen durch falsche Beispielwahl erschwert.

Betonung

Die richtige Betonung der Wörter, die Akzentuierung sinnwichtiger Begriffe ist eine wichtige Verständnishilfe.

Blickkontakt

Blickkontakt hilft dem Dozenten zu erkennen, wie aufmerksam die Teilnehmer zuhören und ob sich Ermüdungserscheinungen einstellen. Blickkontakt hilft aber auch, die Teilnehmer anzusprechen, zu einer Antwort aufzufordern u.a.

D

Diskussion

Die Diskussion ist eine Sonderform des Gespräches. Sie wird frei geführt, ist häufig emotional gefärbt und benötigt einen Leiter, der auf die Formalien (ausreden lassen, Reihenfolge der Meldungen usw.) achtet, die Diskussion einleitet und abschließt.

Dozent

Dozent ist ein gängiger Begriff für Lehrende, die Seminare durchführen.

Dozentenverhalten

Das Dozentenverhalten ist einer der Haupteinflussfaktoren für das Arbeitsklima und den Lernerfolg. Der Dozent sollte ein gutes Beispiel für partnerschaftlichen Umgang geben, Humor zeigen und auch mal Schwächen zugeben.

E

Einzelarbeit

Die Einzelarbeit ist eine →Sozialform, bei der Teilnehmer für sich alleine Stoff erarbeiten, üben oder den Lernerfolg kontrollieren. Wegen der fehlenden →Kommunikation sind nur kurze Phasen sinnvoll.

Erwartungsabfrage

Mittel, um die Teilnehmerinteressen abzufragen. Gebräuchlich sind →Gespräch und →Kartenabfrage. Die Kenntnis der Erwartungen der Teilnehmer ist Voraussetzung für einen teilnehmerorientierten Unterricht.

Evaluierung

Bei der Evaluierung geht es um die Ermittlung von Ergebnissen. Der Begriff wird meist in Zusammenhang mit der Seminarauswertung gebraucht. Es gibt aber auch die Teilnehmerevaluierung (Ermittlung der Teilnehmervoraussetzungen), die

Prozessevaluierung (Untersuchung des Lernprozesses im Seminar) sowie die Transferevaluierung (Überprüfung der Umsetzung des Gelernten).

F

Feedback

Rückmeldung, wie jemand ein bestimmtes Verhalten empfunden hat.
Gebräuchlich etwa bei der Auswertung eines →Rollenspiels.
Regeln:
- ehrlich sein
- nicht pauschalisieren
- nicht werten

Flipchart

Unterrichtsmedium, auch Papiertafel genannt.
Haupteinsatzgebiete:
- Visualisierung von Ergebnissen
- Auflistung wichtiger Merkposten
- Gliederung eines Themas

Frage

»Arbeitsmittel« für Gespräche. Zu beachten sind die Wahl der richtigen →Frageform und die richtige →Fragetechnik.

Frageformen

Für den Unterricht von Bedeutung sind
- offene Fragen (mit W-Fragewort)
- geschlossene Fragen (Ja-Nein-Fragen)
- Alternativfragen (entweder – oder)
- rhetorische Fragen (zur Gliederung)

Offene Fragen haben im Unterricht den größten Stellenwert.

Fragetechnik

Die Fragetechnik hilft, gezielt Fragen zu stellen und Fragefehler zu vermeiden.
Zur Fragetechnik gehören die Hinweise:
- verständliche Fragen stellen
- keine Wissensfragen an einzelne Teilnehmer
- keine Kettenfragen
- nicht (vorschnell) selbst antworten

G

Gespräch

Das Gespräch ist neben dem →Vortrag die wichtigste Unterrichtsmethode. Der Hauptvorteil besteht in der Aktivierung der Teilnehmer. Zu einem Gespräch gehört die richtige →Fragetechnik.

Gestik

Unterstützung der Sprache durch Handbewegungen. Da Gestik einen Vortrag lebendiger macht, sollte der Dozent seine Hände nicht verstecken.

Gruppe

Eine Gruppe ist gekennzeichnet durch eine Zahl von Personen, die über längere Zeit zusammen sind und ein gemeinsames Ziel verfolgen. Jedes Seminar bedeutet eine neue Gruppe. Wie gut sie zusammenwächst, hängt von den Teilnehmern ab, dem →Dozentenverhalten und der →Gruppendynamik.

Gruppenarbeit

Gruppenarbeit ist die anspruchsvollste Sozialform, die aber bei Gelingen auch die besten Arbeitsergebnisse hervorbringt. Bedingungen für eine erfolgreiche Gruppenarbeit sind eine präzise Arbeitsanweisung und eine gute Auswertung.

Gruppendynamik

Wenn Gruppen zusammenarbeiten, entstehen dynamische Prozesse. Die Gruppe wächst zusammen. Dies geht nicht immer reibungslos vor sich. Häufig gibt es etwa Streit um die Macht in der Gruppe.

H

Hören

Einer der beiden leistungsfähigsten Sinneskanäle. Hören allein genügt aber nicht für einen bleibenden Lernerfolg. Hinzukommen muss das Sehen.

I

Inhalte

Stoff, der in einem Unterricht vermittelt werden soll.

Inhaltsauswahl

Verfahren, aus der Fülle an Informationen den Stoff herauszusuchen, der im Unterricht durchgenommen werden soll. Hauptauswahlkriterien sind:

- Bezug zum Lernziel
- Bezug zu den Teilnehmern
- Bezug zur verfügbaren Lernzeit

Inhaltsaufbereitung

Aufbereitung des ausgewählten Lernstoffs zur Umsetzung im Unterricht. Der Dozent muss dabei folgende Hauptfragen klären:

- Wie schaffe ich den Teilnehmerbezug?
- Wie vermittle ich die Inhalte strukturiert und anschaulich?
- Wie stelle ich den Praxisbezug her?
- Welche Methoden wähle ich?
- Welche Medien nutze ich?

K

Kartenabfrage

→Moderationstechnik zur Ermittlung von Meinungen, Wünschen usw. Die Teilnehmer schreiben Stichwörter auf Karten, die Karten werden gemeinsam an einer Stellwand sortiert.

Körpersprache

Sammelbegriff für →Mimik, →Gestik, Körperhaltung. Die Körpersprache ist ein persönliches Ausdrucksmittel, um Vorträge zu unterstützen.

Kommunikation

Grundbedingung für einen erfolgreichen Lernprozess und für einen erfolgreichen Unterricht. Deshalb kommt im Unterricht allen Methoden eine besondere Bedeutung zu, die Kommunikation unterstützen: →Gespräch, →Partnerarbeit, →Gruppenarbeit, →Planspiel, →Rollenspiel.

Konflikte

Konflikte entstehen häufig, wenn (einander unbekannte) Teilnehmer in einem Seminar zusammenkommen. Konflikte können zwischen verschiedenen Teilnehmern entbrennen, aber auch zwischen Dozent/in und einzelnen Teilnehmern oder zwischen Dozent und Teilnehmergruppe. Konflikte haben immer Vorrang: Erst müssen sie aus dem Weg geräumt werden, dann kann der Unterricht weitergehen. Die beste Methode zur Bewältigung ist ein gemeinsames, sachliches Gespräch.

Kontrollblatt

Kontrollblätter dienen der Überprüfung des Gelernten. Sie eignen sich zur Selbstkontrolle und zur Kontrolle durch den Dozenten. Die Aufgaben in den Kontrollblättern sollten sich nach den →Lernzielen und den tatsächlichen →Inhalten des →Unterrichts richten.

Konzentration

Voraussetzung für einen guten Lernerfolg. Die Konzentrationsfähigkeit ist beim Menschen begrenzt, deshalb sind regelmäßige Erholungspausen wichtig.

L

Lernprogramme

Computergestützte Lernverfahren zur individuellen Aneignung von Wissen. Neuere Programme arbeiten zunehmend mit Interaktion, mit Bildern, Videosequenzen und Sprachausgabe.
Lernprogramme sind nur so gut wie das didaktische Konzept, das dahinter steckt.

Lernziele

Ziele, die die Teilnehmer nach Durchführung des Unterrichts erreicht haben sollen.

M

Medien

Medien dienen als Hilfsmittel im Unterricht dazu, Zusammenhänge zu veranschaulichen und zu visualisieren. Man unterscheidet

- Lehrmedien zur Unterstützung des Dozenten und
- Lernmedien zur Unterstützung des Lernprozesses der Teilnehmer.

→Medieneinsatz ist ein Muss in jedem Unterricht.

Medienausstattung

Ein Seminarraum sollte mindestens mit zwei Medien ausgestattet sein: einem Medium, um vorab erstellte Grafiken, Listen u. a. zu präsentieren (→Overheadprojektor, Stellwand), und einem Medium, um schnell im Unterricht etwas aufschreiben zu können (→Tafel, →Flipchart).

Medieneinsatz

Der Einsatz von Medien richtet sich nach den Zielen, den Teilnehmern und der Methodik. Es gibt immer nur ein optimales Medium. Bei der Auswahl sollte der Dozent die Vor- und Nachteile der einzelnen Medien berücksichtigen.

Merkblatt

Ein Merkblatt dient dazu, wichtige Inhalte einer Lerneinheit festzuhalten. Es ist eine Art schriftlicher Zusammenfassung.

Metaplantechnik

Bezeichnung für die →Moderationstechnik, bei der mit einer Metaplanwand gearbeitet wird.

Metaplanwand

Bezeichnung für die Stellwand.

Mimik

Gesichtsausdrücke sind Teil der →Körpersprache. Wichtigster Hinweis: Lächeln Sie auch mal.

Moderationstechnik

Sammelbegriff für verschiedene Verfahren wie →Kartenabfrage, →Punktabfrage und →schriftliches Diskutieren. Alle diese Methoden haben das Ziel, Teilnehmer zu aktivieren, die Inhalte auf die Teilnehmer abzustimmen und sie den Unterrichtsprozess (mit)gestalten zu lassen. Der Dozent wird zum Moderator.

Motivation

Stetige Aufgabe des Dozenten im Unterrichtsprozess. Es lassen sich unterscheiden:

- Anfangsmotivation: die Motivation, die die Teilnehmer in das Seminar mitbringen
- Einstiegsmotivation: die Motivation, die der Dozent am Anfang einer Lerneinheit schafft, um die Teilnehmer für das Thema aufzuschließen
- Verlaufsmotivation: die Motivation, die notwendig ist, damit die Teilnehmer dem Unterricht interessiert folgen

Motivation kann man durch ein ganzes Bündel von Maßnahmen erreichen.
Zu den wichtigsten gehören:

- Teilnehmerorientierung
- Praxisnähe
- abwechslungsreichen Methoden- und Medieneinsatz
- gutes →Dozentenverhalten
- Schaffung attraktiver →Rahmenbedingungen u. a.

O

Operationalisierung

Genaue Beschreibung des Endverhaltens, das die Teilnehmer im Seminar nach dem Lernprozess erreichen sollen. Das Verhalten muss beobachtbar sein, die Bedingungen müssen genau definiert sein.
Beispiel:
Beobachtbares Endverhalten: Die Teilnehmer sollen von den 100 Begriffen im Glossar 20 aufzählen können.
Bedingungen: Die Teilnehmer haben zum Aufzählen fünf Minuten Zeit.

Overheadprojektor

Gerät, um Folien an der Wand darzustellen. Der Overheadprojektor wird auch Tageslichtprojektor oder Proki genannt.

Orientierung

Orientierung ist neben →Strukturierung und →Veranschaulichung ein Grundprinzip eines teilnehmerorientierten Unterrichts. Orientierung bedeutet, dass die Teilnehmer zu jeder Zeit im Unterricht wissen,
- was gerade behandelt wird und
- warum dieses Thema behandelt wird.

P

Partnerarbeit

Partnerarbeit ist eine →Sozialform. Sie ist schnell einzusetzen, erfordert keinen hohen Aufwand, unterstützt die →Kommunikation und fördert ein gutes Arbeitsklima. An die Vorbereitung und Auswertung sind genauso hohe Anforderungen zu stellen wie bei der →Gruppenarbeit.

Pausen beim Sprechen

Sprechpausen haben eine wichtige Gliederungsfunktion. Sie zeigen an, dass ein Sinnabschnitt abgeschlossen ist. Häufige Fehler sind zu kurze Pausen sowie Pausen an den falschen Stellen im Satz.

Pausen im Unterricht

Die →Konzentrationsfähigkeit Erwachsener hat Grenzen. Deshalb sollte nach spätestens 45 Minuten eine kürzere Pause, nach 90 Minuten Lernzeit eine längere Erholungspause eingeplant werden.

Pinnwand

Bezeichnung für die Stellwand.

Planspiel

Komplexe Unterrichtsmethode, deren Ziel eine möglichst genaue Praxissimulation ist. Meist spielen mehrere Gruppen miteinander bzw. gegeneinander und versuchen – teilweise auf Kosten der anderen Gruppen – ein optimales Ergebnis zu erreichen.

Praxisbezug

Praxisbezug ist eine ebenso notwendige wie oft vernachlässigte Grundforderung an jeden Unterricht. Ohne Praxisbezug ist der →Transfer, die Umsetzung des Gelernten, im Alltag gefährdet.

Punktabfrage

Punktabfrage ist eine →Moderationstechnik. Die Teilnehmer geben ihre Meinung, Stimmung und Einstellung durch Vergabe von Punkten kund.
Gebräuchlich ist etwa das Stimmungsthermometer. Hierbei wird ein großes Thermometer auf ein Flipchart-Blatt gemalt, und die Teilnehmer drücken ihre Stimmung durch Kleben von Punkten aus (sehr gut bis sehr schlecht).

R

Rahmenbedingungen

Bedingungen, unter denen ein Unterricht stattfindet. Zu den Rahmenbedingungen gehören u. a.

- der Seminarraum,
- die Raumausstattung,
- die Medien,
- Verpflegung und Unterbringung sowie
- Störungen.

Ungünstige Rahmenbedingungen können sich negativ auf den Unterricht auswirken.

Referent

Referent ist die Bezeichnung für einen Lehrenden, der gemeinsam mit anderen ein Seminar gestaltet. Dem Referenten stehen für sein Thema also nur einige Stunden oder Tage Zeit zur Verfügung. In der innerbetrieblichen Weiterbildung spricht man ebenfalls oft von Referenten.

Rollenspiel

Das Rollenspiel ist ebenso wie das →Planspiel eine Simulationsmethode. Die Grundidee ist, unterschiedliche Verhaltensweisen durchzuspielen und aus den Ergebnissen zu lernen. Ein Rollenspiel erfordert eine gründliche Vor- und Nachbereitung. Voraussetzung für die Teilnahme an einem Rollenspiel ist für viele Lernende eine entspannte Atmosphäre im Seminar.

S

Schriftliches Diskutieren

Schriftliches Diskutieren ist eine Moderationsmethode. Ziel ist es, langwierige Diskussionen zu vermeiden. Deshalb dürfen sich die Seminarteilnehmer nur schriftlich äußern und ihre Anmerkungen auf Karten schreiben. Gut einzusetzen ist diese Methode bei der Präsentation von Arbeitsergebnissen, etwa einer Gruppenarbeit.

Sehen

Das Sehen ist ein wichtiger Sinneskanal. Um die Behaltensleistung zu verbessern, sollten Informationen verbal (→Hören) und visuell (Sehen) vermittelt werden.

Seminarprogramm

Beschreibung des Seminars mit
- Zielen,
- Teilnehmern/Zielgruppe,
- Dauer,
- Inhalten und
- Seminarverlauf.

Seminarraum

An den Seminarraum sind einige Anforderungen zu stellen. Er sollte:
- groß genug sein,
- hell genug sein,
- ungestört liegen,
- richtig mit Tischen und Stühlen ausgestattet sein und
- verdunkelt werden können.

Skript

Begleittext mit den (wichtigsten) Aussagen des Seminars, als Hilfe zum Wiederholen und Nachschlagen.

Sozialformen

Sammelbezeichnung für die Methoden →Einzelarbeit, →Partnerarbeit, →Gruppenarbeit. Der Vorteil der Sozialformen liegt in der Aktivierung der Teilnehmer.

Sprechtechnik

Die Sprechtechnik ist ein Sammelbegriff für verschiedene Sprechmerkmale. Sie ist neben inhaltlichen Aspekten wie Wortwahl und Satzbau entscheidend für die →Verständlichkeit der Sprache.
Zur Sprechtechnik gehören
- Betonung,
- →Pausen beim Sprechen,
- Lautstärke sowie
- →Sprechtempo.

Sprechtempo

Schnelligkeit, mit der gesprochen wird. Redet der Dozent zu schnell, können die Teilnehmer nicht mehr folgen. Die Konzentration und der Lernerfolg leiden.

Strukturierung

Die Strukturierung gehört zu den erfolgsentscheidenden Grundprinzipien des Unterrichts. Eine wichtige Aufgabe des Dozenten liegt darin, die Inhalte zu strukturieren, d. h. in einen klaren und nachvollziehbaren Zusammenhang zu bringen.

T

Tafel

Gebräuchliche Visualisierungshilfe. Sie ist vor allem dann geeignet, wenn man im Unterricht etwas schnell festhalten will. Der Nachteil ist ihre feste Position. Empfehlenswert sind Whiteboards – sie lassen sich flexibler einsetzen.

Tageslichtprojektor

Andere Bezeichnung für den →Overheadprojektor.

Teamteaching

Unterricht, der von zwei Dozenten gleichzeitig gestaltet wird.
Vorteile:
- abwechslungsreicher Unterricht
- weniger anstrengend für einzelnen Dozenten
- hoher Lerneffekt

Teilnehmeranalyse

Die Teilnehmeranalyse ist die Voraussetzung für einen teilnehmerorientierten Unterricht. Wichtige Kenngrößen sind:

- Vorkenntnisse,
- Einstellungen,
- Erfahrungen,
- Motivation zum Thema sowie
- Erwartungen.

Teilnehmervoraussetzungen

Die Teilnehmervoraussetzungen wirken sich direkt auf den Unterricht und den Lernerfolg aus. Sie müssen im Unterricht berücksichtigt werden. Die Teilnehmervoraussetzungen lassen sich durch eine →Teilnehmeranalyse in Erfahrung bringen.

Trainer

Bezeichnung für den Lehrenden vor allem bei Themen, wo es um das Training von Fertigkeiten und Fähigkeiten geht.

Transfer

Umsetzung des Gelernten. Der Transferbezug sollte in jedem Unterricht vorhanden sein. Transfer lässt sich etwa unterstützen durch

- Beispiele und Fälle aus der Praxis sowie
- Übungen zur Anwendung des Gelernten.

U

Übung

Übungen sind ein notwendiger Bestandteil jedes Lernprozesses und damit jeden Unterrichts. Die Anleitung zu Übungen erfolgt durch →Arbeitsanweisungen oder →Arbeitsblätter.

Unterricht

Organisierte Form des Lernens. Der Dozent tritt als Vermittler im Lernprozess auf.

Unterrichtseinheit

Lerneinheit von 45 bis 90 Minuten Dauer, die die Phasen des Lernprozesses nachbildet. Zu einer Unterrichtseinheit gehören:

- →Motivation,
- →Orientierung,

- Vermittlung/Erarbeitung des Stoffs,
- →Übung sowie
- Kontrolle des Lernerfolgs.

Unterrichtsskizze

Schriftliche Unterrichtsplanung mit Angabe der
- Zielgruppe/Teilnehmer,
- Ziele,
- Vorgehensweise/Schritte,
- Methoden,
- Medien sowie
- Zeiteinteilung.

V

Veranschaulichung

Die Veranschaulichung unterstützt den Lernprozess. Es gibt zwei Formen:
1. *sprachliche* Veranschaulichung durch →Beispiele und →Vergleiche sowie
2. *bildliche* Veranschaulichung durch gezielten →Medieneinsatz.

Vergessen

Natürlicher Prozess beim Lernen. Durch →Übung und Anwendung des Gelernten kann dem Vergessen entgegengesteuert werden.

Vergleich

Hilfe zur Veranschaulichung vor allem abstrakter Zusammenhänge. Ein Vergleich muss aussagekräftig sein und aus dem Erfahrungsschatz der Teilnehmer stammen.

Verständlichkeit

Forderung an die Sprache des Dozenten und an alle schriftlichen Materialien. Wichtige Kriterien sind:
- einfache Begriffe,
- wenig Fremdwörter,
- Fachbegriffe erklären,
- einfache und kurze Sätze.

Video

Unterrichtsmedium mit hoher Anschaulichkeit. Kurze Videosequenzen sind im Unterricht meist sinnvoller als lange Filme. Bei längeren Sequenzen sollte der

Film zwischendurch angehalten und besprochen werden. Der Einsatz von Video ist methodisch am besten mit einem →Gespräch zu verbinden. Das Zeigen eines Videos ist aber auch als Einstieg zu einem →Vortrag, zu einer →Gruppenarbeit und zu einem →Rollenspiel möglich.

Visualisierung

Visuelle Darstellung von Zusammenhängen, meist unter Verwendung der vier hauptsächlichen Lehrmedien →Tafel, →Overheadprojektor, Stellwand sowie →Flipchart.

Vorstellung

Bestandteil der Einführungsphase eines Seminars. Die Vorstellung dient dem gegenseitigen Kennenlernen und bietet dem Dozenten erste Aufschlüsse über die →Teilnehmervoraussetzungen.

Vortrag

Neben dem Gespräch ist der Vortrag die am häufigsten eingesetzte Methode im Unterricht. Vorteil: Vermittlung vieler Informationen in kurzer Zeit. Nachteil: geringe Behaltensleistung, Gefahr der Überforderung der Teilnehmer. Anwendung: bei Themen, zu denen die Teilnehmer keine oder nur sehr geringe Vorkenntnisse und Vorerfahrungen haben.

Z

Zeitplanung

Genaue Planung des zeitlichen Bedarfs für die einzelnen Unterrichtsphasen. Prinzip: genau planen, bei Bedarf abweichen, nie den roten Faden verlieren.

Ziele des Unterrichts

Bei den Zielen des Unterrichts lassen sich unterscheiden:

- →Lernziele: das, was die Teilnehmer erreichen sollen
- Lehrziele: das, was der Dozent erreichen will

Zielkontrolle

Verfahren zur Bestimmung des Erfolgs eines Unterrichts, des Lernergebnisses der Teilnehmer und damit verbunden der Qualität des Unterrichts. Möglich sind Fragen oder Aufgaben, Selbstkontrollen durch den Teilnehmer oder Kontrollen durch den Dozenten, mündliche Kontrollen sowie schriftliche Kontrollen.

Literaturverzeichnis

Birkholz, W.; Dobler, G.: *Der Weg zum erfolgreichen Ausbilder*. Edewecht 1989

Döring, K. W.; Ritter-Mamczek, B.: *Lehren und Trainieren in der Weiterbildung*, Weinheim 1997

Flechsig, K.-H.: *Kleines Handbuch didaktischer Modelle*, Neuland Verlag, Eichenzell 1996

Jäckering, W.: *Seminare erfolgreich durchführen*, Garloff Verlag, Bonn 1995

Seiffert, J. W.: *Visualisieren – Präsentieren – Moderieren*, GABAL Verlag, Offenbach 2002

Wahl, D.; Wölfing, W.; Rapp, G.; Heger, D.: *Erwachsenenbildung konkret*, Weinheim 1991

Stichwortverzeichnis